Die Wilhelm-Busch-Bibliothek

Band 8

Wilhelm Busch

Jesus predigen –
nicht irgendwas!

aussaat

clv

1. Auflage 2006

© 2006 Aussaat Verlag
Verlagsgesellschaft des Erziehungsvereins mbH,
Neukirchen-Vluyn
Satz: CLV
Umschlag: H. Namislow
Druck und Bindung: GGP Media GmbH, Pößneck

Die Wilhelm-Busch-Bibliothek besteht aus 13 Bänden

ISBN-10: 3-7615-5487-7 (Aussaat)
ISBN-13: 978-3-7615-5487-6 (Aussaat)
ISBN-10: 3-89397-681-7 (CLV)
ISBN-13: 978-3-89397-681-2 (CLV)

Inhalt

Vorwort 7

Vom Dienst des Predigers 9

Wie kommt unsere Botschaft
heute noch an? 59

Wahre und falsche Popularität
in der Verkündigung 81

Vorwort

Wilhelm Busch war ein leidenschaftlicher Prediger. Sonntag für Sonntag hat er einer großen Gemeinde das Wort der Bibel ausgelegt. Dabei verstand er es, sowohl Intellektuelle als auch Jugendliche gleichzeitig anzusprechen. Er predigte einfach, ohne primitiv zu sei. Er predigte anschaulich und herausfordernd. Viele seiner Predigten sind in heute noch erhältlichen Predigtbänden veröffentlicht. Besonders zu nennen ist eine Reihe von evangelistischen Vorträgen, die nach seinem Tod unter dem Titel »Jesus unser Schicksal« in einer Auflage von inzwischen über zwei Millionen erschienen sind und in mehr als 30 Sprachen übersetzt wurden. Eine große Zahl von Theologen, die aus der Jugendarbeit hervorgegangen sind, hat er geprägt.

Schon früh (1930) hat er sich auch »theoretisch« mit dem Predigen beschäftigt. Hier werden drei Aufsätze aus verschiedenen Zeiten zum Thema Predigen veröffentlicht, die heute noch genauso aktuell sind wie damals. Wilhelm Busch hat den Predigern immer wieder gesagt, ihre größte Sünde sei, das aufregende Evangelium langweilig zu verkündigen. Weil die Sache Jesu Christi ihn so bewegte, war er selbst in seiner Verkündigung nie langweilig.

Hans Währisch

Vom Dienst des Predigers

(1938)

Der Prediger soll Gottes Wort auslegen

Darüber darf kein Zweifel herrschen, dass der Prediger keine andere Aufgabe hat als die, das Wort des Herrn, wie wir es in der Schrift Alten und Neuen Testaments haben, auszulegen. Gott sei Dank! dass sich diese selbstverständliche Erkenntnis in der evangelischen Kirche allmählich wieder durchsetzt. Und dass es nur unter heißem Kampf geschieht, beweist, wie tief der Schade sitzt.

Was haben unsere Gemeinden nicht alles über sich ergehen lassen müssen! Wer denkt nicht mit Schrecken an so manche »Kriegspredigten aus eherner Zeit«! Oder an die politischen Tiraden »sozialistischer Geistlicher«! Oder an die »geistvollen religiösen Kanzelreden«, denen – wenn sich kein passendes Bibelwort fand – ein Goethewort zugrunde gelegt wurde!

Ach du liebe Zeit! »Ein Prophet, der Träume hat, der erzähle Träume; wer aber mein Wort hat, der predige mein Wort recht. Wie reimen sich Stroh und Weizen zusammen? spricht der Herr« (Jer. 23,28).

Die Schrift muss es sein! Nur die Schrift! Und die ganze Schrift!

Was heißt »Auslegung«?

Es ist nicht unwichtig, dass wir uns diese Frage stellen.

Es gibt Leute, denen ein *Bibeltext nur ein willkommenes Sprungbrett* ist, von dem aus sie ihre Rede starten. Nun lässt sich das gewiss verantworten in einer Evangelisationsversammlung oder in einer lehrhaften Rede – sofern der Redner dabei in den Bahnen der göttlichen Wahrheit bleibt (von den Leuten, denen ein Bibelwort nur ein Ausgangspunkt für irgendwelche eigene Gedanken oder rein weltliche Anliegen ist, wollen wir hier gar nicht reden). Aber in unsern Bibelstunden und Predigten sollten wir Auslegung treiben. Und dazu muss der Text reden und nicht der Verkünder.

Es gibt andere, die meinen, es sei Auslegung, wenn sie einen klaren und hellen Text recht schwer und unverständlich machen. Am Ende sind sie noch glücklich über ihre tiefsinnige Auslegung. Das kann doch wohl auch nicht der Sinn einer rechten Auslegung sein.

Auch das ist nicht Auslegung, dass wir Wahrheiten, die die Bibel in klassischer Kürze ausgedrückt hat, mit Vielrednerei breittreten.

Leider gibt es viele solcher Versuche. Das sind dann die unendlich langweiligen Bibelstunden, in denen alte Leute so gut schlafen.

Was heißt denn »Auslegung«?

»Auslegen« heißt: *eine Linie vom Text zum Hörer ziehen.* »Auslegen« heißt: den Text dem Hörer verständlich machen. »Auslegen« heißt: das Schriftwort in das Leben des Hörers hineinstellen.

Vielleicht widersprechen an dieser Stelle ernsthafte Leute. Als Student der Theologie besuchte ich an einer guten Fakultät das homiletische Seminar, in dem wir das Predigen lernen sollten. Eines Tages bekam ich die Aufgabe, über den schwierigen Text 1.Korinther 10,1-13 eine Predigt auszuarbeiten. Ich fragte den Dozenten: »Sagen Sie mir, bitte, wie ich mir die Gemeinde vorzustellen habe. Sind das Bauern oder Arbeiter? Habe ich viele Akademiker vor mir? Sind da viele suchende Leute? Oder ist es eine gläubige Gemeinde? Ist viel Jugend da?« Da schaute mich der Dozent groß an und sagte mit tiefem Nachdruck: »Sie sollen Gottes Wort verkündigen.«

Das hat mir damals tiefen Eindruck gemacht. Heute weiß ich, dass es falsch war. Selbstverständlich soll in der Auslegung das Wort der Schrift gesagt werden. Aber es soll *eine Linie vom Schriftwort zum Hörer gezogen werden. Niemals darf der Ausleger den Hörer außer Acht lassen, der vor ihm sitzt.*

Der Glaube an die Wirksamkeit des Wortes

Wenn wir die Predigt vorbereiten und wenn wir predigen, blicken wir auf den Hörer.
Ist der Blick auf den Hörer beim Auslegen der Schrift aber nicht Unglaube? Ist er nicht Misstrauen gegen die Wirksamkeit des Wortes? Die Frage ist wichtig!
Die »*efficacia verbi divini*«, die »selbsttätige Wirksamkeit des Wortes Gottes«, ist ein wichtiges Lehrstück in der evangelischen Lehre. Und es ist vielleicht der größte Mangel aller Ausleger unserer Tage, dass wir viel zu wenig damit rechnen.
Von *Spurgeon,* dem »Fürsten unter den Predigern«, erzählt man eine hübsche Anekdote. Zu ihm kam eines Tages ein junger Prediger und sagte zu ihm: »Ich predige nun jeden Sonntag. Aber in meiner Gemeinde bewegt sich nichts. Bei Ihnen aber bekehren sich in jeder Predigt ein paar Menschen zum lebendigen Herrn. Wie machen Sie das nur?«
»Ja, meinen Sie denn«, erwiderte Spurgeon, »dass jedes Mal etwas Großes geschehen müsse, wenn Sie Gottes Wort verkündigen?«

»Das meine ich natürlich nicht«, stammelte verlegen der junge Prediger. »Das ist eben Ihr Fehler«, fiel ihm Spurgeon ins Wort. »Sie trauen dem Worte nichts zu! Sie haben keinen Glauben.«

»So wir glauben würden, würden wir die Herrlichkeit Gottes sehen« (Joh. 11,40). Wer dem Worte nichts zutraut, der soll das Verkündigen lassen, *denn: Gottes Wort schafft es.*

Jeder, der Gottes Wort auslegt, hat selbst schon die seltsame Erfahrung gemacht. Wir hielten eine Predigt oder eine Bibelstunde, die wir am Ende selbst als völlig verfehlt ansahen. Und dann geschah es gerade nach solcher Verkündigung, dass wir erfahren durften, wie das Wort eingeschlagen und die Gewissen bewegt hat.

Also der Heilige Geist muss es tun. Und er tut es!

Und doch wäre es Torheit, zu glauben, der Ausleger könne sich nun alle Mühe und Arbeit sparen, weil ja doch alles von der Wirkung des Heiligen Geistes abhinge. Von einem berühmten Prediger (es war Klaus Harms) erzählt man sich, dass er eine Zeitlang alle Vorbereitungen auf seine Predigten unterlassen und es dem Heiligen Geist überlassen habe, ihm im Augenblick das rechte Wort zu geben.

Später hat er dann selbst erzählt: »Eines Tages hat mir der Heilige Geist auf der Kanzel nur ein Einziges gesagt. Er hat mir gesagt: Du bist faul gewesen!«

Eine tüchtige Hausfrau traut gewiss ihrem himmlischen Vater zu, dass er allein sie und die Ihrigen ernährt, wie er die Vögel unter dem Himmel speist. Aber dieses Vertrauen wird sie nicht hindern, ihre Pfennige einzuteilen und recht fleißig zu kochen, um den Ihrigen ein zuträgliches und schmackhaftes Mahl zu bereiten. Sie wird dabei so gewissenhaft verfahren, als wenn sie allein es machen müsste. So macht es auch ein rechter Ausleger. Er traut dem Worte alles zu. Aber damit ist er nicht der Notwendigkeit enthoben, sich zu mühen und sich zu sorgen, als wenn er alles allein machen müsste. Und zu dieser Mühe gehört, dass er sich selbst um das rechte Verständnis bemüht und dann weiter überlegt, wie gerade dies Wort den vor ihm sitzenden Menschen gesagt werden müsse.

Falsche Volkstümlichkeit

Wenn unsere Predigt die rechte Volkstümlichkeit hat, dann treibt uns die Liebe, das Evangelium so zu sagen, dass es verstanden werden kann. Es gibt aber auch eine falsche Volkstümlichkeit. Sie ist da, wo der Verkündiger nicht von der Liebe zu seinem Herrn und zum Hörer, sondern von der Liebe zu sich selbst getrieben wird. Die Gefahr, dass das bei uns geschieht, ist sehr groß: Da möchte man gern eine volle Kirche haben. Da möchte man gern ein *beliebter Prediger* sein.

Wo uns solche Wünsche bewegen, haben wir den Herrn verleugnet und fallen unter das Gericht.

Falsche Volkstümlichkeit ist auch da, wo das Evangelium in irgendeiner Weise verkürzt wird. Derselbe Apostel Paulus, dem es so ein Anliegen war, fassbar und verständlich zu predigen, hat auch gesagt: »Das Wort vom Kreuz ist eine Torheit denen, die verloren werden; uns aber, die wir selig werden, ist es eine Gotteskraft« (1.Kor. 1,18). Und: »Da ich zu euch kam, kam ich nicht mit hohen Worten oder hoher Weisheit, euch zu verkündigen die göttliche Predigt. Denn ich hielt mich nicht dafür, dass ich etwas wüsste unter euch, als allein Jesum Christum, den Gekreuzigten« (1.Kor. 2,1-2).

Das ist eine falsche Volkstümlichkeit, wenn das Ärgernis des Kreuzes aufgehoben werden soll, wenn das Evangelium nicht mehr die Gewissen trifft und beunruhigt. Das Evangelium geht schnurstracks wider das Denken des Menschen. Weh uns, wenn wir ein glatteres Evangelium verkündigen wollten (Gal. 1,8-9). *Wehe uns, wenn wir die enge Pforte weit machen wollten!*

2.Korinther 4,3 steht: »Ist nun unser Evangelium verdeckt, so ist's in denen, die verloren werden, verdeckt.« Diese Verdunkelung, die aus dem widerstrebenden Herzen des Menschen kommt, kann nur der Heilige Geist beseitigen. Und die Bibel sagt uns sehr deutlich, dass es ein Gericht über ein Volk ist, wenn es sich Prediger »auflädt«, die verkündigen, »nach dem ihnen die Ohren jücken«.

Also: Das ist rechte Volkstümlichkeit, dass wir uns bemühen, so zu predigen, dass das Wort Gottes vom Hörer gehört und verstanden werden kann, so dass er Stellung dazu nehmen kann.

Das aber ist falsche Volkstümlichkeit, wenn wir die Hauptsache, das Kreuz Christi, nicht Hauptsache sein lassen und das Kreuz als Gericht und Gnade verdunkeln.

»Populäre« Verkündigung

Viele ernste Theologen werden erschrecken, wenn sie diese Überschrift lesen. Sie denken an so manche Verkündigung, die dem Zeitgeist Rechnung trug und das Evangelium verriet. Nun, gewiss ist unter der Parole »volkstümliche Verkündigung« mancher Unfug verübt worden. Aber dieser Missbrauch kann uns doch nicht hindern, zu fragen, was an dieser Forderung berechtigt ist.

Was heißt nun: *Gemeindegemäß predigen!?*
Berechtigt ist dies, dass der Prediger seine Hörer sieht. Dass er sie sieht, einmal mit dem, was ihre Herzen erfüllt und ihre Gedankenwelt ausmacht, und sie sodann in ihrer Armut anspricht. Also zunächst heißt es:

Auf die Gedankenwelt der Gemeinde achten! Dass der Verkündiger der frohen Botschaft der Gedankenwelt seiner Hörer Rechnung tragen muss, hat der Apostel Paulus (1.Kor. 9,19-22) klar und deutlich ausgesprochen:

»Denn wiewohl ich frei bin von jedermann, habe ich doch mich selbst jedermann zum Knechte gemacht, auf dass ich ihrer viele gewinne. Den Juden bin ich geworden wie ein Jude, auf dass ich die Juden gewinne. Denen, die unter dem Gesetz sind, bin ich geworden wie unter dem Gesetz, auf dass ich die, so unter dem Gesetz sind, gewinne. Denen, die ohne Gesetz sind, bin ich wie ohne Gesetz geworden (so ich doch nicht ohne Gesetz bin vor Gott, sondern bin in dem Gesetz Christi), auf dass ich die, so ohne

Gesetz sind, gewinne. Den Schwachen bin ich geworden wie ein Schwacher, auf dass ich die Schwachen gewinne. Ich bin jedermann allerlei geworden, auf dass ich allenthalben ja etliche selig mache.«

Nach dieser Regel hat der Apostel Paulus gehandelt. Darum lohnt es, einige seiner Predigten in der Apostelgeschichte daraufhin anzusehen, wie er der Gedankenwelt seiner Zuhörerschaft Rechnung trug:

Apostelgeschichte 13,16ff haben wir eine Predigt, die Paulus in der Synagoge von Antiochien hielt. Er hat Leute vor sich, die das Alte Testament kennen und lesen. Darum kann er reichlich das Alte Testament anführen. Zwei Fragen bewegen die Hörer: »Wie wird man vor Gott gerecht?« und »Wann kommt der verheißene Messias?« Auf diese beiden Fragen gibt der Apostel Antwort.

Ganz anders ist seine Predigt in Athen, von der wir Apostelgeschichte 17,22ff hören. Hier weiß man nichts von einer Christuserwartung und vom Alten Bund. Hier sind religiöse Menschen, die von der Offenbarung des lebendigen Gottes nichts wissen. So beginnt Paulus seine Predigt: »Ihr Männer von Athen, ich sehe, dass ihr gar sehr religiös seid« (so würde man den Vers 22 wohl am besten übersetzen).

Diesen Leuten nun bezeugt der Apostel die Offenbarung Gottes, die Auferstehung der Toten und das Gericht. Dabei spricht er sogar in der Sprache ihrer Dichter.

Apostelgeschichte 22 hören wir eine Rede des Paulus vor einer leidenschaftlich bewegten Volksmasse. Diese aufgeregte Menge ist völlig außerstande, irgendwelchen gedanklichen Ausführungen zu folgen. Darum legt Paulus ein Zeugnis ab und erzählt seine Bekehrungsgeschichte.

Apostelgeschichte 26 finden wir den Apostel vor Festus und Agrippa, mitten in einer Verteidigungsrede. Aber aus der Verteidigung wird ein Angriff. Paulus bezeugt dem Agrippa, dass nicht er dem Alten Bund untreu geworden ist, dass vielmehr Jesus die Erfüllung aller Verheißungen ist. Und Festus erfährt, wer der Mächtigste ist. Denn die Frage nach der Macht bewegte ihn.

Wir sollten bei Paulus in die Schule gehen. Keinen Augenblick lässt er sein eigentliches Anliegen aus dem Auge. Aber die Liebe treibt ihn, zu erwägen, wie seine Hörer die Botschaft recht vernehmen könnten.

Die zweite Forderung lautet:

Die Gemeinde in ihrer Armut ansprechen! Nicht nur die Gedankenwelt und den inneren Besitz der Hörer muss der Prediger sehen. Er muss auch die Armut und Beschränktheit seiner Hörer ins Auge fassen.

Haben wir eine Ahnung davon, wie gering etwa der Wortschatz unserer Konfirmanden ist? Es wird wohl häufig geschehen, dass wir Worte aus dem wissenschaftlichen Sprachgebrauch verwenden, die dem schlichten Hörer gar nichts bedeuten. Das darf nicht sein.

Wir müssen ferner beachten, wie groß der Mangel des Menschen der Gegenwart ist, sich ernstlich zu sammeln. Wenn wir einen fortlaufenden Gedankengang eine halbe Stunde lang durchführen, werden nur sehr wenige unserer Hörer uns wirklich folgen. Ob wir es bedauern oder nicht – es ist eine Tatsache, dass der moderne Mensch sich nur schwer konzentrieren kann. Die Hast der Zeit, die vielen starken Eindrücke, Zeitungs- und Broschürenlesen haben das bewirkt. Es ist eine Unbarmherzigkeit, wenn wir das nicht berücksichtigen. Wir müssen darum unsere Verkündigung in kleine, überschaubare Abschnitte einteilen, klar gliedern und durch Beispiele und Gleichnisse die Aufmerksamkeit immer wieder neu gefangennehmen.

Verkündigung als Gespräch

Immer wieder kommt es vor, dass Menschen in Predigten und Bibelstunden einschlafen. Ja, *der Kirchenschlaf!* Der Volksmund witzelt von ihm: »Der Kirchenschlaf ist der gesündeste Schlaf.«

Das ist doch furchtbar! Wir verkündigen das Wort, das Speise ist für die Hungrigen (Jer. 16,16); das Wort, das wie ein Feuer ist und wie ein Hammer, der Fersen zerschmeißt (Jer. 23,29). Und dabei schlafen Menschen ein! Wie ist das möglich?

Weithin liegt es an der unnatürlichen Sprache der Prediger. Der eine redet plötzlich drei Töne höher, als er im normalen Leben gewohnt ist. Ein anderer beginnt auf einmal seine Hörer anzuschreien. Ein dritter umgibt sich mit einem bombastischen Pathos.

Warum eigentlich? Warum sprechen wir nicht, wie wir im Gespräch sprechen? Meinen wir, wir seien es den paar Zentimetern, die wir über den Hörern stehen, schuldig, in so ein unnatürliches Wesen zu verfallen?

Wenn wir uns mit irgendeinem Menschen unterhalten, dann wird es doch nie geschehen, dass unser Gesprächspartner mitten im Gespräch auf einmal anfängt zu schlafen.

Wenn es mit unserer Verkündigung richtig steht, dann muss sich der Hörer in ein Gespräch verwickelt sehen, dem er folgt, ohne dass er sich krampfhaft anstrengen muss; dem er folgt, weil es ihn angeht. Wir wollen also den Hörer nicht anschreien, nicht anpredigen und nicht ansäuseln. Wir wollen mit ihm sprechen. Und wenn unsere Predigt vollmächtig ist, dann wird der Hörer bald auf das Gespräch eingehen. Seine natürliche Vernunft wird vielleicht widersprechen. Sein Gewissen aber wird der Botschaft Recht geben. Sein Wille wehrt sich oder ergibt sich. Die Vernunft lehnt sich auf oder wird gefangengenommen unter die Wahrheit Christi.

Wo aber alles das geschieht, da ist der Hörer mit seiner ganzen Persönlichkeit beteiligt. Und es ist ganz unvorstellbar, dass er dabei einschlafen oder mit seinen Gedanken spazierengehen könnte.

Primitivität und Schlichtheit

Nein, diese beiden Begriffe sagen nicht dasselbe. Vielleicht entsteht gerade aus der Verwechslung dieser beiden Worte manches Unheil.

Unsere Verkündigung muss schlicht sein. Wenn ein Mensch unserer Tage nach einem reichen Tagewerk am Abend in eine Bibelstunde kommt, dann ist er müde. Das Vielerlei des Tages hat ihn zerstreut. Er ist einfach außerstande, einer noch so wertvollen theologischen Abhandlung zu folgen. Um der Liebe willen fordern wir darum: *Unsere Verkündigung muss schlicht sein.*

Aber Schlichtheit ist nicht dasselbe wie Primitivität. Eine primitive Verkündigung würde so aussehen: Der Prediger hat sich flüchtig den Bibeltext angesehen. Und nun knüpft er allerlei bekannte Selbstverständlichkeiten an den Text an. Er lässt das Bächlein seiner Rede fröhlich dahinfließen. Er sagt, was ihm gerade einfällt; und wenn ihm nichts mehr einfällt, erzählt er eine rührende Geschichte. Nein, unsere Verkündigung darf nicht primitiv sein. Aber sie muss schlicht sein.

Was bedeutet das? Ehe es zu einer schlichten Verkündigung kommt, muss der Prediger in die Tiefen des Textes hinabgestiegen sein. Er muss die Türen hinter sich zuschließen und vor dem Bibelwort stille werden. Er muss anfangen, gründlich zu exegesieren. Er muss Kommentare und Auslegungen gewissenhaft einsehen und durchprüfen. Er muss also den Text gründlich abklopfen und dann darüber beten, also: *Exegese und Meditation!*

Nun schließt sich ihm der Text auf. Das Bibelwort ist ihm hell geworden. Und es gibt viele Prediger, die nun eigentlich mit der Vorbereitung aufhören. Das gibt dann gute, aber unverständliche Predigten, denen die Hörer nicht folgen können. Der Prediger gleicht einem guten, weittragenden Geschütz, das mit hoher Geschossbahn sehr weit schießt. Aber die Geschossbahn geht über das nahe Ziel hinweg. Das nahe Ziel waren die Gewissen der Hörer, die vor ihm sitzen.

Wenn der Text sich uns aufgeschlossen hat, dann kommt erst der zweite Teil der Vorbereitung. Dann muss der Prediger erwägen: Wie kann ich die großen Wahrheiten meines Textes so schlicht sagen, dass ein Kind sie verstehen kann?

Dazu muss er die Gedanken ordnen. Es muss die Hauptrichtung deutlich werden, nach der der Text zielt. Es müssen alle anderen Gedanken dieser Hauptrichtung untergeordnet werden. Dann kommt ein sehr schweres Werk: Es müssen eine Reihe wertvoller Gedanken und Wahrheiten gestrichen werden. Man muss es da machen, wie es ein Förster in einem heranwachsenden Wald macht. Es sind wohl viele kleine Baumpflanzen gepflanzt. Aber nicht alle können große Bäume werden. Da würde nachher ein Baum den andern bedrücken und ersticken. Darum geht der Förster eines Tages durch den Wald und bezeichnet eine Menge Bäume, die gefällt werden. Gewiss, es ist schade um diese kleinen Bäume. Aber um des ganzen Waldes willen müssen sie fallen.

Es gibt immer noch Leute, die behaupten, man müsse einen Text »ausschöpfen«. Wie verkennt man da den Reichtum der Schrift! Wer wäre wohl imstande, einen Text »auszuschöpfen«? *Der Bibeltext ist ein unerschöpflicher Text!* Große Prediger haben über eine Geschichte des Neuen Testamentes ein Jahr lang gepredigt, biblisch gepredigt. Wie sollte da eine Auslegung einen Text »ausschöpfen« können!

Der Prediger muss also die Gedanken, die er aussprechen will, unter die Hauptrichtung des Textes bringen und dabei allerlei wertvolle Gedanken für diesmal streichen.

Damit kommt er an den Punkt, wo eine klare Gliederung seine Auslegung gestalten muss.

Diese Forderung ist nicht modern. Es gibt sehr viele, die mit großem Ernst darauf hinweisen, dass damit Menschengedanken das Bibelwort in ein Prokrustesbett zwängten. Nun, wenn das geschieht, dann ist es eben falsch gewesen. Die Gliederung einer Verkündigung muss textgemäß sein, es geht mithin um: *Textgemäße Gliederung!*

Gewiss, es hat große Prediger gegeben, die die Homilie, die Texterläuterung, vorzogen, die so verkündigten, dass sie Vers für Vers weitergingen und Vers für Vers auslegten. Gewiss, man kann das auch. Wer wollte dem Heiligen

Geist, der in der Gemeinde wirkt, Vorschriften machen! Aber ich habe den Eindruck, dass die meisten die Form der Homilie wählen, weil sie sich damit ein tüchtiges Stück Arbeit ersparen. Und dann wird eben ihr Auslegen oft nur ein Breittreten des Textes.

Eine klare Gliederung des Textes hat den großen Vorzug, dass der Hörer sich das Gehörte leicht wieder vergegenwärtigen kann. Bis zum heutigen Tag kennen die alten Leute im Ravensberger Land noch die Einteilung der Predigten der großen Erweckungsprediger.

Wenn der Prediger nun die Gedanken des Textes so geordnet hat, dann entsteht für ihn die weitere Aufgabe, zu überlegen, wie diese Wahrheiten der Schrift dem Hörer deutlich gemacht und wie sie in sein Leben hineingestellt werden können.

Das Ende einer solchen Predigtvorbereitung ist eine ganz schlichte Verkündigung. Aber sie ist nicht mehr primitiv. Das, was gesagt wird, ist aus dem Reichtum der Schrift geschöpft. Der Prediger hat darüber nachgedacht und darüber gebetet. Er ist ein rechter Hausvater geworden, der den Seinigen das Brot des Lebens austeilt.

Vielleicht fragt der eine oder andere Leser nach Beispielen für primitive und für schlichte, aber nicht primitive Verkündigung. Es seien um der Kürze willen nur zwei Beispiele für biblisch schlichte Verkündigung genannt, einmal Spurgeon. Seine alttestamentlichen Predigten entfalten den Reichtum der Schrift in wunderbarer Weise, und doch so, dass ein jeder es verstehen kann und jedes Gewissen damit getroffen wird. Als zweiter sei ein Mann der Gegenwart benannt: der vor kurzem heimgegangene oberbergische Pfarrer Alfred Christlieb. Doch diese beiden wahrlich nur statt vieler.

Anschaulichkeit der Verkündigung

Mehr als je sind wir es heute unserem Hörer schuldig, dass wir ihm klare *biblische Lehre* verkündigen. Vielleicht ist gerade auf diesem Gebiet in vergangenen Jahrzehnten manches versäumt worden. In unserer Zeit, wo mit großem Ernst um die letzten und entscheidenden, grundlegenden Wahrheiten biblischer Lehre gerungen wird, muss der christlichen Gemeinde klare Lehre gegeben werden.

Es ist aber doch eigentlich betrüblich, dass sich für sehr viele so genannte Christen mit dem Wort »Lehre« sofort die Vorstellung von Langeweile, langweiliger Lehre verbindet. Das ist leider eine Tatsache.

Die Ursache mag darin liegen, dass unsere Verkündigung vielfach unanschaulich ist. Darum müssen wir gerade in dieser Zeit, in der recht deutlich biblische Lehre verkündigt werden muss, nachdenken über die Anschaulichkeit unserer Verkündigung.

Da ist zunächst zu sagen, dass die größte Klarheit auch die größte Anschaulichkeit ist. Ich habe immer wieder gefunden: Je weniger einem Prediger das, was er vorträgt, selbst klar geworden ist, desto allgemeiner und unanschaulicher redet er über die Sache. Und je klarer und heller sich ihm selbst das Lehrstück aufgeschlossen hat, desto packender und anschaulicher kann er es verkündigen.

Ach, wie viel Bibelstunden und Predigten gibt es, in denen man einen Wortschwall allgemeiner Sätze anhören muss! Und dabei wird man das peinliche Empfinden nicht los: Jetzt ringt der Redner selbst um eine Klarheit, die er sich hätte vorher verschaffen sollen. Da werden dann leider auch kräftige biblische Worte wie »Erlösung«, »Versöhnung«, »Liebe Gottes«, »das Blut Jesu Christi«, »Sünde«, »Gnade« in verschwenderischer Fülle ausgeschüttet. Aber diese Begriffe werden nicht hell und deutlich. Sie sind im Munde des Predigers nun einfach Wortgepränge, Phrasen geworden, die seinen eigenen Mangel an Wahrheit verdecken sollen.

Also die grundsätzlichen Wahrheiten der Bibel müssen dem Redner klar sein.

Wir können heute keine Verkündigung treiben, ohne dass das folgende Schema uns und unsern Hörern immer wieder ganz deutlich wird:

	Was die natürliche Vernunft sagt	*Was die Bibel sagt*
Über Gott:	Er ist innerweltlich. (Natur, Volk usw.)	Er ist der Jenseitige, Schöpfer Himmels und der Erde
Mensch:	Der Mensch ist in seinem Kern gut	Der Mensch ist gefallen. »Geneigt, Gott und seinen Nächsten zu hassen.« Erlösungsbedürftig
Erlösung:	Selbsterlösung	Erlösung durch die Tat Jesu Christi auf Golgatha
Hoffnung:	Entwicklung. Wir schreiten fort auf dem Wege zu einem paradiesischen Zustand.	Katastrophe: Wiederkunft Christi, Weltende. Gott schafft neuen Himmel und Erde.

Je nachdrücklicher und unverblümter diese klaren biblischen Linien in unserer Verkündigung deutlich werden, desto anschaulicher wird unsere Verkündigung sein.

Und ein Zweites: So gewiss unsere Verkündigung lehrhaft sein muss, so gewiss ist es auch, dass wir nicht in jeder Bibelstunde oder Predigt ein ganzes Handbuch der Dogmatik bringen dürfen. Denn unsere Verkündigung will ja schließlich nicht den Kopf, sondern das Gewissen des Hörers treffen.

Nun ist es aber so, dass ein Bibeltext, den wir auslegen, in einer ganz bestimmten Weise auf das Gewissen des Hörers zielt. Da ist es nun wichtig, dass wir diese klare Linie des Textes in ihrer ganzen Einseitigkeit stehenlassen, *dem Text nicht seine Einseitigkeit rauben*. Wir dürfen nicht aus der Sorge heraus, es könnten lehrhafte Missverständnisse entstehen, mit »zwar auch« allerlei Einschränkungen einfügen, die schließlich die klare, anschauliche Richtung des Textes verwischen oder verbiegen.

Damit wir diesen berechtigten Imperativ voll erkennen, soll ein kleines Beispiel diese Achtung vor der Textgrenze noch verdeutlichen. Da sagt Gottes Wort in Jesaja 45,22: »Wendet euch zu mir aller Welt Enden, so werdet ihr errettet.« Wer nun etwa über solch einen Text predigt, der soll dieses Wort Gottes so stehen lassen. Er soll rufen und reden, als sei die Bekehrung ganz und gar in die Entscheidung des Hörers gelegt. Gewiss, in Jeremia 31,18 lesen wir: »Bekehre du mich, so werde ich bekehrt.« Und wir alle kennen Luthers Erklärung des 4. Artikels: »Ich glaube, dass ich nicht aus eigener Vernunft noch Kraft an Jesum Christum, meinen Herrn, glauben oder zu Ihm kommen kann, sondern der Heilige Geist …«

Es wäre aber nun völlig verfehlt, diese biblische Wahrheit hier auszusprechen in einer Predigt über Jesaja 45,22. In diesem Wort haben wir einen klaren Ruf Gottes an die Gewissen vor uns, der in dieser Eindeutigkeit stehen bleiben muss. Die andere Wahrheit muss in ihrer ganzen Einseitigkeit verkündigt werden bei einer Bibelstunde über Jeremia 31,18.

Kurz, wir dürfen die anschauliche Einseitigkeit eines Bibelwortes nicht durch lehrhafte Anbauten und Überbrückungen um seine Wirkung bringen. Sonst verschießen wir Pfeile, bei denen die Spitzen abgebrochen sind.

Ich bin überzeugt, dass unser – oft gut gemeintes – lehrhaftes Bemühen manchen Bibeltext um seine Anschaulichkeit bringt.

Und ein Drittes: Wenn wir recht anschaulich

verkündigen wollen, dann müssen wir die Anschaulichkeit, die im Text selber liegt, recht zur Geltung kommen lassen.

Die Bibel redet ja in einer außerordentlich knappen Sprache. Aber gerade darum hat oft ein einzelnes Wort eine große Bedeutung. Und oft wird das wichtig, was zwischen den Zeilen steht, es geht darum auch um die *Entdeckungen zwischen den Zeilen.*

Es sei hier nur ein einziges Beispiel angeführt, Matthäus 27,27-30: Die Verspottung Jesu durch die Kriegsknechte. Bei oberflächlichem Lesen merkt man nicht, dass zwischen Vers 29 und Vers 30 gewissermaßen ein Bruch oder eine entscheidende Wendung liegt. Bis Vers 29 wird erzählt, wie die römischen Kriegsknechte Jesus verspotten. Diese Verspottung ist menschlich so verständlich: Dieser armselige Mann mit dem königlichen Anspruch muss ja ihre Lachmuskeln reizen.

Aber in Vers 30 klingt auf einmal ein ganz anderer Ton an: Sie speien ihn an; sie schlagen ihn übers Haupt. Da ist aus dem Spott plötzlich heller Zorn geworden. Die Männer haben gemerkt, dass man durch Spotten mit Jesus nicht fertig wird. Und sie gehen nun den Weg, den alle gegangen sind, die geglaubt haben, man könne mit Jesus durch Spotten fertig werden: Sie hassen ihn, sie wüten gegen ihn. Aus den unbeteiligten Leuten sind Beteiligte geworden.

Dies eine Beispiel mag uns deutlich machen, wie die Bibel in ihrer knappen Ausdrucksweise doch unendlich viel verrät, was entdeckt werden muss. Das gehört zur gründlichen Vorbereitung, dass die Anschaulichkeit, die das Bibelwort uns bietet, wirklich aufgefunden und herausgestellt wird.

Auch in den lehrhaften Stücken der Heiligen Schrift ist unendlich viel Anschauliches. Wenn Jesus sich den »guten Hirten«, das »Brot des Lebens«, »das Licht der Welt« nennt, dann ist hier Anschauung. Und der Ausleger muss deutlich machen, was dies Bild besagen will. Die Briefe des Paulus reden von »Waffenrüstung«, von »Obrigkeit der Finsternis«, vom »Reich des lieben Sohnes«. Das sind alles anschauliche Bilder. Und wir sollten diese Bilder nicht als Vokabeln benützen, sondern wirklich als Bilder gebrauchen, also *dem bildhaften Text die bildhafte Predigt entnehmen.*

Es ist wichtig, dass wir uns um Anschaulichkeit unserer Verkündigung bemühen. Gerade schlichte Leute unter unsern Hörern – und für unsere Hörer gilt doch 1.Korinther 1,20 – denken nicht in allgemeinen Sätzen. Das Volk versteht die allgemeinen Sätze nur vom sinnfälligen Vorgang und von der Anschauung her.

Beispiele und Gleichnisse

Wir dürfen auf Beispiele und Gleichnisse in unserer Verkündigung nicht verzichten. Allerdings dürfen wir uns dabei nicht ohne weiteres – wie es so häufig geschieht – auf die Gleichnisse Jesu berufen. Nach Matthäus 13,11ff haben die Gleichnisse Jesu auch einen verhüllenden Sinn. Sie haben eine ganz andere Rolle und Stellung als unsere Beispiele und Gleichnisse. Es ist überhaupt eine gefährliche und unmögliche Sache, unsere Verkündigung mit der Verkündigung Jesu zu vergleichen.

Es ist also nicht gut möglich, das Recht der Beispiele und Gleichnisse so zu begründen, dass man sich auf Jesu zahlreiche Gleichnisse beruft. Ich meine, wir brauchen die *Beispiele und Gleichnisse um der Liebe willen, aus Barmherzigkeit*. Die Liebe treibt den rechten Prediger, das Wort der Wahrheit so zu verkündigen, dass der Hörer willig und gern zuhört. Und dabei spielen die Gleichnisse und Beispiele eine nicht unbeträchtliche Rolle.

Sie haben eine doppelte Aufgabe:

Einmal nehmen sie die Anteilnahme und die Aufmerksamkeit immer wieder neu gefangen.

Es wird auch bei dem gewaltigsten Prediger geschehen, dass Zuhörer während seiner Verkündigung mit ihren Gedanken abspringen. Und es gibt eben zerstreute Hörer, die auf eigenen Wegen wandeln. Da ist es denn eine alte Erfahrung, dass ein Beispiel, ein Gleichnis, eine Geschichte den Hörer zurückruft.

Und dann die müden Leute! Ich werde es mein Leben lang nicht vergessen, wie ich einmal in einem Bauerndorf an einem heißen Sonntag während der Ernte predigen durfte. Diese Männer und Frauen waren eine Woche lang vor Tau und Tag aufgestanden und hatten eine schwere Arbeit hinter sich. Wenn die sich hinsetzten, kam der Schlaf über sie. Es hat mich gepackt, dass diese Leute trotzdem in großer Zahl in die Kirche kamen. Da wäre es nun einfach eine Unbarmherzigkeit gewesen, diesem Zustand der Leute nicht Rechnung zu tragen. So brachte ich mancherlei Beispiele und Gleichnisse. Und dabei machte ich die Entdeckung, dass jedes Mal, wenn eine neue Geschichte kam, es wie ein Ruck durch die Gemeinde ging. Da konnten alle leicht wieder aufpassen.

Wir werden in abendlichen Bibelstunden viel mehr müde Leute vor uns haben als im Gottesdienst am Sonntagvormittag. Die Verkündigung muss dem Rechnung tragen. Wenn schon in einer Sonntagspredigt die Beispiele mit großer Sorgfalt gewählt werden müssen, so bekommen sie erst recht ihre Bedeutung in einer abendlichen Verkündigung.

Also: Es ist die erste Aufgabe der Beispiele und Gleichnisse, die Anteilnahme und die Aufmerksamkeit immer wieder neu gefangenzunehmen. Das ist gewiss nur eine nebensächliche Aufgabe. Sie muss aber betont werden, weil es auch mancherlei lieblose Verkündigung gibt.

Die eigentliche Aufgabe der Beispiele und Gleichnisse ist es, *die biblische Wahrheit zu verdeutlichen.* Ja, das ist ihre Aufgabe, die biblische Wahrheit deutlich zu machen. Es ist nun keine Frage, dass mit Beispielen in der Verkündigung viel Missbrauch getrieben worden ist. Es gibt also einen Fehl- oder Missbrauch von Beispielen, ebenso auch *verwerfliche Beispiele.*

Die größte Gefahr ist die, dass so eine eingefügte Geschichte ein Eigenleben gewinnt. Es ist vielleicht eine etwas rührselige Geschichte, die »auf die Tränendrüsen der Zuhörer drückt«. Oder es ist eine sehr lange Geschichte, die durch ihren Umfang das, was sie eigentlich erklären will, völlig erdrückt. Oder es ist eine so von Leben und Wirklichkeit geladene

Geschichte, dass sie in den Hörern eine Reihe von Gedankengängen auslöst, die völlig von dem, was der Prediger sagen will, wegführen. So kann es geschehen, dass das Beispiel ein Eigenleben gewinnt, hinter dem das, was gesagt werden sollte, verschwindet. Das aber darf nicht sein. Ein rechtes Beispiel muss vielmehr einem Scheinwerfer gleichen. Wenn er des Nachts aufleuchtet, dann ist alles hell erleuchtet, was er anstrahlt. Er selber aber bleibt unsichtbar. So muss ein rechter Gebrauch des Gleichnisses alles Licht auf die biblische Wahrheit werfen. Wenn die Verkündigung zu Ende ist, dann muss es so sein, dass der Hörer die biblische Wahrheit ins Herz gefasst hat. Nicht das Geschichtchen!

Darum sind am allergefährlichsten Beispiele und Geschichten, die das Gemüt allzusehr in Anspruch nehmen. Da kann der Prediger wohl am Schluss das Lob ernten, dass er eine »schöne Predigt« gehalten hat. Aber das Wort Gottes hat er verraten.

Eine andere Gefahr ist die, dass zu viele Beispiele verwendet werden. Es ist mir unvergesslich eindrücklich, wie mir ein alter Bauer aus dem Dilltal über einen »beliebten« Prediger bitter sagte: »Er ist ein Geschichtches-Pastor!« So darf es nicht sein, dass ein Beispiel das andere erdrückt; auch nicht so, dass die Beispiele die biblischen Gedanken ersetzen oder nur Füllsel sind. Ich kann mir schon denken, dass einer eine Predigt so vorbereitet, dass er eine Gliederung entwirft. Sie wird dann aufgefüllt mit Geschichtchen. Und fertig ist die Rede! So darf es nicht sein.

Soll man nun um dieses Missbrauchs willen völlig auf Gleichnisse und Beispiele verzichten, wie es viele Theologen in unsern Tagen tun? Der Missbrauch darf den rechten Gebrauch nicht aufheben. Und es sei noch einmal gesagt: Die Liebe wird uns immer wieder dazu treiben, um eine rechte Verwendung von Beispielen zu ringen.

Woher sollen wir nun die Beispiele nehmen?

Da ist zunächst einmal die Bibel selbst eine Beispielsammlung. Das Alte Testament bietet eine Fülle von Anschauungsmaterial. Wie können die alttestamentlichen Geschichten die neutestamentlichen Wahrheiten beleuchten und anschaulich machen!

Dann kommt als *Quelle für Beispiele das große Gebiet der Kirchengeschichte und der Missionsgeschichte*. Ich bedaure es so oft, dass so viele Prediger des Evangeliums ohne eine reichliche Missionsliteratur auskommen.

Und dann: *Das Leben bietet unendlich viel An-*

schauungsmaterial. Mein Vater hatte in seinem Bücherschrank einen alten Band aus der Mitte des 19. Jahrhunderts mit dem Titel »Gottholds zufällige Andachten«. Da hatte ein Mann den Versuch gemacht, aufzuzeigen, wie viel Anschauungsmaterial für geistliche Wahrheiten das tägliche Leben in Haus und Familie bietet. Ein Meister im Gebrauch dieser Beispiele aus dem täglichen Leben ist Karl Heim. Seine Predigten sind für jeden Prediger ungemein lehrreich. Nur ein Beispiel (»Stille im Sturm«, S.18f.):

»Das Schwerste in unserer heutigen Zeit ist ja immer das: Wir sehen kein klares Ziel mehr vor uns. Wir sehen nicht, wohin es mit unserm Volk geht und wohin es mit uns selber gehen soll.

Dabei sollen wir unsern Dienst tun, unser Geschäft treiben, unsern Beruf erfüllen. Es geht uns wie den Maschinisten und Heizern, die in einer modernen Seeschlacht tief unter dem Meeresspiegel im Bauch des Schiffes in heißer Luft arbeiten müssen. Das Schwere an ihrem Dienst ist: Sie wissen nicht, was vorgeht, sie haben keinen Überblick über den Gang der Schlacht, wie man ihn oben von der Kommandobrücke aus hat. Sie wissen nicht: Geht es dem Sieg oder dem Untergang entgegen?

Und doch sollen sie ihren Dienst tun. Sie sind nur durch eins mit dem Kapitän verbunden, der oben auf der Kommandobrücke die Schlacht lenkt, nämlich durch die kurzen Befehle, die ihnen von oben übermittelt werden: ›Stoppen‹, ›Volldampf voraus‹ usw. Damit sie im Höllenlärm der Schlacht diese Befehle verstehen, werden sie ihnen in den heutigen Schlachtschiffen durch einen Scheinwerfer von oben in leuchtenden Buchstaben an die Wand des dunklen Raumes geworfen, in dem sie arbeiten. Auch wir sind in dieser schweren Zeit zu einem ebenso entsagungsvollen Dienst berufen. In dem dunklen Raum voll Sorge und betäubendem Lärm, in dem wir zu arbeiten haben, sehen wir den großen Schlachtenlenker nicht, der hoch oben auf der Kommandobrücke steht und die Weltgeschichte lenkt nach seinem unerforschlichen Rat. Wir haben nicht den Überblick über den Gang der Schlacht. Es schlägt nur ein dumpfes Dröhnen und Grollen an unser Ohr. Aber gerade in dieser Lage können wir unsere Abhängigkeit von Gott ganz besonders selig erfahren. Wir brauchen keine Übersicht über den Gang der Ereignisse. Wir brauchen nicht hinaus zu sehen. Wenn wir nur eins haben, das die tägliche Verbindung zwischen ihm und uns herstellt: Die Befehle, die

von oben hier in leuchtenden Buchstaben an die Wand unseres dunklen Arbeitsraumes geworfen werden. Wenn nur jeden Morgen und an jedem dunklen Tag solch ein leuchtendes Wort, wie ein Losungswort oder Tagesbefehl, an der dunklen Wand vor uns aufstrahlt. Wie leuchtend sind Gottes Befehle, Worte wie die: ›In der Welt habt ihr Angst, aber seid getrost, ich habe die Welt überwunden.‹ ›Fürchtet euch nicht vor denen, die den Leib töten, aber die Seele nicht vermögen zu töten!‹ ›Wer will uns scheiden von der Liebe Gottes?‹
So müssen Beispiele verwendet werden.

Mitarbeit der Hörer

Es gibt reformierte Gemeinden am Niederrhein, in denen jeder Kirchgänger zum Gottesdienst seine Bibel mitbringt und den Text aufschlägt. Wenn das doch überall so wäre! Wir werden es in unsern Gottesdiensten schwerlich einführen können. Aber um so mehr sollten wir in Bibelstunden dahin kommen, dass jeder Hörer selbst die Bibel aufschlägt und den Text verfolgt.

Das hat zunächst einmal den mehr äußerlichen Wert, dass die Hörer munter und bei der Sache bleiben. Dadurch, dass die Hörer den Text selber mitlesen, der Auslegung folgen, und vor allem, dass sie Parallelstellen selbst aufschlagen, werden sie an der Auslegung gewissermaßen beteiligt. Sie werden viel mehr von dem Wort in Anspruch genommen, als wenn sie nur eine Rede über sich ergehen lassen.

Aber wichtiger ist der andere Umstand: Unsere Gemeinden sind insoweit lebendig, als die Glieder der Gemeinden selbständige Bibelleser sind. Und es ist gar nicht zu leugnen, dass selbst treuen Bibelstunden-Besuchern die Bibel ein reichlich unbekanntes Buch ist. Sie hören wohl die Auslegung, aber sie wissen nicht selbst mit dem Buch umzugehen. Es muss uns alles daran liegen, dass mündige Christen werden, die mit der Bibel umgehen können und darin zu Hause sind. Dazu müssen sie Anleitung in den Bibelstunden bekommen. Und das geschieht am besten so, dass die Hörer durch Mitarbeit an der Auslegung beteiligt werden.

Man lässt zunächst den Text, der besprochen werden soll, aufschlagen. Da muss man einige Zeit warten, bis ihn alle gefunden haben. Man wird gut tun, einige bibelkundige Leute so zwischen den andern zu verteilen, dass sie denen, die nicht zurechtkommen, helfen können. Ja, in Jugendbibelstunden wird man auch den Text von den Jugendlichen selbst vorlesen lassen.

Sooft eine neue Bibelstelle herangezogen wird, lassen wir sie aufschlagen. Das kostet zunächst viel Zeit. Aber diese Zeit trägt Früchte. Denn über der Mitarbeit merken die Hörer, dass die Bibel nicht nur ein Buch für die Prediger, sondern für sie selbst ist. Sie fangen an, in ihrer biblischen Heimat, der sie entfremdet waren, wieder heimisch zu werden. Sie beginnen selbständige Bibelleser zu werden.

Ein Wort zum Alten Testament

Wir spüren es alle, dass das Alte Testament in unserer Verkündigung eine ganz besondere Bedeutung bekommt. Um diesen Teil der Bibel tobt der Kampf am heißesten. Es gibt viele Christen, die im Alten Testament gewissermaßen ein Außenfort sehen, das sie schon preisgegeben haben, um die eigentliche Zitadelle, das Neue Testament, um so besser verteidigen zu können. Diese Leute werden aber bald inne werden, dass sie damit die Türen in die Zitadelle dem Gegner geöffnet haben.

Hier gilt: »Alles oder nichts.« Die Schrift Alten und Neuen Testamentes hat keine Außenforts, über die wir verfügen könnten mit unserer taktischen Weisheit. Diese Schrift ist vielmehr als Ganzes eine feste Burg, die uns schützt und stark macht.

Wenn der Feind der Bibel sein Feuer ganz besonders auf das Alte Testament legt, dann bekommt die Auslegung des Alten Testamentes eine erhöhte Bedeutung. Nun nicht so, als wenn wir das Alte Testament verteidigen müssen. Wie viel gut gemeinte Verteidigung hat sich mit dem Alten Testament beschäftigt! Und das traurige Ende ist doch nur, dass Tausende von so genannte Christen mit dem Buch nichts anzufangen wissen.

Ja, es muss um der Wahrheit willen gesagt werden, dass alles, was heute gegen das Alte Testament hervorgebracht wird, die Frucht einer Theologie ist, die im Grunde auch schon nichts mehr mit dem Alten Testament anzufangen wusste. Professor Adolf Schlatter erzählt in seinem Buch »Erlebtes« von einer Predigt, die er einmal in Berlin hörte, »wo der Prediger sich auf der Kanzel mit dem Text herumzankte«. Statt Gottesbotschaft also Zank mit dem Text! Waren nicht unendlich viele Kollegstunden über das Alte Testament nichts anderes als Verlegenheiten solcher, »die sich mit dem Alten Testament und seinen Ärgernissen herumzankten?« Wenn unsere Gemeinden wieder zu einem lebendigen Verhältnis zum Alten Testament kommen sollen, dann müssen wir anfangen, durch eine rechte Auslegung ihnen wieder die Wege ins Alte Testament zu bahnen.

Bei der Auslegung des Alten Testaments muss den Hörern dreierlei immer wieder deutlich gemacht werden. Wir dürfen nicht müde werden, ihnen dies Dreifache gleichsam als Handreichung zum Lesen des Alten Testaments und als Schlüssel zum Verständnis des Alten Testaments immer und immer wieder einzuprägen:

1. Der Gott des Alten Testamentes, Jahwe, ist der Vater Jesu Christi.

2. Christus wird im Alten Testament bezeugt. Von ihm ist die Rede in unzähligen Verheißungen. Von ihm ist die Rede in dem ganzen Opferdienst Israels. Ja, Christus selbst war im Alten Testament gegenwärtig (1.Kor. 10,4).

In der ersten Christenheit las man in den Versammlungen das Alte Testament und entdeckte auf jeder Seite den Heiland Jesus Christus. Das war nicht so, dass diese ersten Christen etwas in die Schrift hineingelegt hätten. Vielmehr hatte der Heilige Geist ihnen die Augen geöffnet, dass sie das Alte Testament recht lesen konnten. Wir müssen wieder ganz von vorn anfangen, um dahin zu kommen, wo die ersten Christen waren.

3. Israel ist das Abbild der Kirche. Nachdem

Israel den Bund zerbrochen hatte und von Gott verworfen und beiseite gestellt war (auf eine gewisse Zeit: Röm. 11,25ff), hat Gott sich ein neues Eigentumsvolk in Jesus Christus erworben. Diesem neutestamentlichen »Israel« wird das alttestamentliche Israel im Alten Testament als Warnung vor die Augen gestellt. Diesem neutestamentlichen »Israel« sind die Glaubensmänner des Alten Bundes als leuchtende Vorbilder geschenkt (Hebr. 11).

Diese drei Wahrheiten müssen unsere Hörer immer wieder gesagt bekommen. Nur so bekommt das Alte Testament seine Bedeutung. Wer es dagegen als das Erzeugnis der religiösen Literatur eines Volkes ansehen will, der wird keinen Grund haben, es nicht eines Tages gegen die Edda (Sammlung altisländischer Götterlieder) zu vertauschen. Wunderbar aber eröffnet sich der Reichtum des Alten Testaments dem, der versteht, dass hier der Vater Jesu Christi in Gericht und Gnade mit den Seinen handelt.

Was soll ich predigen?

Weithin sind in der evangelischen Kirche feste Perikopenordnungen in Kraft. Jemand, der in Württemberg in die Kirche geht, der weiß im Voraus, welcher der vier (heute sechs) Jahrgänge an der Reihe ist. Und er kann den Text sogar im Anhang seines Gesangbuches aufschlagen.

In solch einer Ordnung liegt eine große Kraft. Allerdings soll nicht verschwiegen werden, dass auch mancherlei dagegen eingewendet werden kann. So sind die Perikopen oft viel zu lang, als dass es zu einer gründlichen Auslegung kommen könnte. Außerdem bleibt die Predigt eben doch auf einen ganz bestimmten Bezirk der Bibel beschränkt.

Aber jedenfalls ist eine festgesetzte Perikopenordnung jener wilden Freizügigkeit vorzuziehen, wo der Prediger sich für jeden Sonntag irgendeinen Text sucht. Da wird es trotz aller Vorsicht eben doch so kommen, dass der Prediger schließlich an bestimmten Lieblingstexten hängen bleibt. Die Gemeinde bekommt so eine ganz einseitige geistliche Nahrung. Ach, und man weiß ja, wie es dann schließlich hergeht. Am Samstagvormittag fängt der Prediger verzweiflungsvoll an, nach einem Text zu suchen. Und weil er dann nicht mehr viel Zeit hat, muss es ein Text sein, der nicht allzu viel Mühe macht. Ja, vielleicht ist es gar so, dass er sich allerlei geistliche Gedanken zurechtgelegt hat. Und nun sucht er den Text nur noch als Überschrift dazu.- Von allen diesen Missständen abgesehen, ist es hierbei der Gemeinde völlig unmöglich, sich auf die Predigt selbst vorzubereiten.

Am besten ist es wohl, wenn ein Prediger fortlaufende Texte hat, etwa ein biblisches Lebensbild, oder zusammenhängende Stücke aus dem Alten und Neuen Testament.

Wer fortlaufend predigt, der hat sicher schon diese Erfahrung gemacht: Da kommt man an eine Stelle, von der man denkt: »Nein, dieser Text ist zu schwierig für die Gemeinde! Dieser Text liegt auch zu sehr außerhalb der Gedankengänge meiner Gemeinde!« Aber dann macht man sich doch an die Bearbeitung dieses Textes. Man ringt um ihn. Man klopft bei ihm an. Man betet über ihm. Man trägt es mit sich herum, wie man das, was der schwere Text sagt, der Gemeinde klar machen kann. Und das gibt dann meist die besten und gesegnetsten Predigten, weil der Prediger hier mit Furcht und Zittern auf die Kanzel steigt und in ganz besonderer Weise seiner Abhängigkeit vom Geist Gottes bewusst wird.

So sollte es ja eigentlich immer sein. Unser Text sollte uns die ganze Woche beschäftigen. Die Arbeit am Text sollte nicht erst am Samstagmorgen vor der Predigt beginnen. *Sofort nach der gehaltenen Predigt sollte der Prediger im*

Ernst den Text für den kommenden Sonntag betrachten. Wenn der Text uns eine ganze Woche lang begleitet hat, dann können wir darüber predigen.

Der Ereignis-Charakter der Predigt

»Nicht jede Predigt kann ein Ereignis sein!« hat einmal jemand resigniert gesagt.
Der Satz ist falsch. Doch! Jede Predigt, jede rechte Predigt ist ein Ereignis und sollte ein Ereignis sein. Da sitzen Menschen unter der Kanzel, deren Ohren und Herzen die ganze Woche hindurch gefüllt worden sind mit allen möglichen irdischen Dingen. Nun will die Predigt das »ganz andere« bringen, die Stimme der Ewigkeit, das Wort des lebendigen Gottes. Menschen, die sich die ganze Woche hindurch herumgetrieben haben an den »löcherigen Brunnen, die doch kein Wasser geben« (Jer. 2,13), soll die lebendige Quelle des Lebenswasser sprudeln. Menschen, die die ganze Woche hindurch zu mehr oder weniger nichtigen Dingen gerufen wurden, sollen die Einladung zum Königsmahl des himmlischen Herrn bekommen. Menschen, die verwirrt sind durch die tausend Stimmen der Welt, sollen die Stimme des »guten Hirten« hören. Ja, nun kann es geschehen, dass die Engel im

Himmel jauchzen, weil ein Sünder, getroffen vom Wort Gottes, Buße tut.

Und auch für die Gemeindeglieder, die täglich am Wort Gottes bleiben, bedeutet diese Stunde des Gottesdienstes das ganz andere und ganz Besondere, weil sie hier *in der Gemeinde* das empfangen, was »im Kämmerlein« ihr Herz bewegte.

Doch – jede Predigt ist ein Ereignis. – Ist sie es wirklich? Sie sollte es sein! Dessen sollte sich jeder Prediger bewusst werden.

Hier muss eine ganz neue Besinnung einsetzen. Wir wollen gar nicht von solchen Predigern reden, wie jener Pfarrer war, dessen Liebhaberei das Basteln war: Als einst ein Fachmann seine Kunstwerke bewunderte und fragte: »Wo kriegen Sie nur die Zeit dazu her?« antwortete er: »Ach ja, man wird ja leider so oft unterbrochen durch Amtsgeschäfte.«

Nein, wir wollen gar nicht von solchen Predigern reden, sondern von denen, die treu ihre Arbeit tun. Und die darum oft so gehetzte Leute sind, deren Amtskalender gefüllt ist mit Terminen, Sitzungen, Besuchen, Vereinsstunden. Da geht es dann oft so, dass man dann zwischen all dem andern, mehr oder weniger vorbereitet, auch noch seine Predigt »abschustert«.

Nein, so darf es nicht sein! Die Predigt muss

ein Ereignis sein. Wenn der Gottesdienst beginnt, muss gewaltig über allem stehen: »Gott ist gegenwärtig.« Prediger, du bist ein Königsbote! Prediger, du verwaltest das Größte und Herrlichste, was es gibt!

Vielleicht seufzt jetzt einer: »Ach ja, bei einer vollen Kirche kann so eine Predigt wohl ein Ereignis werden! Aber wenn in der Kirche nur ein paar alte Frauen und ein paar Konfirmanden sitzen – dann liegt ja eine solche Armseligkeit über der ganzen Veranstaltung, dass man allen Mut verlieren möchte!«

Das ist töricht gesprochen. Wir dürfen ja doch unsere Gottesdienste nicht mit irgendwelchen Versammlungen dieser Welt vergleichen. Was diesen Versammlungen den besonderen Charakter verleiht, die Zahl, die Massen, der Pomp – das alles ist ja für einen evangelischen Gottesdienst belanglos. Dass wir das Wort des lebendigen Gottes haben – das gibt unserer Predigt den Ereignischarakter. Oder war es vielleicht kein weltbewegendes Ereignis, als der Apostel Paulus »ein paar Frauen« in Philippi das Wort Gottes sagte?

Der Spiegel in der Sakristei

Doch, das gibt es: dass in der Sakristei am Aufgang zur Kanzel ein Spiegel hängt. Da kann sich der Prediger noch einmal überzeugen, ob sein Beffchen richtig sitzt. Es soll ja nichts gesagt werden gegen diese Sorge. Das Lächerliche ist so nahe bei dem Erhabenen. Und ein schief sitzendes Beffchen muss die Konfirmandinnen unbedingt zum Lachen reizen.

Aber in den letzten Minuten vor dem Gottesdienst sollte in der Sakristei doch etwas anderes geschehen als der Blick in den Spiegel. Was denn?

Die letzten Minuten vor dem Gottesdienst sollten ausgefüllt sein mit einer Gebetsgemeinschaft mit Ältesten der Gemeinde. Wenn eine Kirchengemeinde in der verzweifelten und furchtbaren Lage ist, dass sie im Presbyterium keine solchen Leute hat, mit denen der Pfarrer beten kann, dann soll er sich andere dazu berufen. Hier soll einer solchen Gebetsgemeinschaft dringlich das Wort geredet werden.

Ehe es dazu kommen kann, muss in vielen Kirchen erst einmal eine »Tempelaustreibung« in der Sakristei erfolgen. Ach, wie geht es dazu! Da rennt der Küster herum, der Organist holt sich letzte Anweisungen. Der Kirchenchordirigent hat etwas zu fragen. Da kommen Leute und wollen Kollektenbeutel holen. Und so ist eine unheilige Unruhe dort, wo heilige Stille sein sollte. All diese Dinge können vorher erledigt werden. Und wenn es nicht gelingt, dann mögen sie unerledigt bleiben. Jeder Pfarrer ist zu bedauern, dessen Sakristei nicht von innen abgeschlossen werden kann.

Wie soll solche Gebetsgemeinschaft aussehen? Hier kann ich nur berichten, wie ich es in meiner eigenen Gemeinde halte:

Es sind nicht immer dieselben Leute, die zu der Gebetsgemeinschaft kommen. Im Laufe der Woche werden zwei bis drei Männer oder junge Männer bestimmt, die sich am Sonntag zehn Minuten vor Beginn des Gottesdienstes in der Sakristei einfinden. Dann wird die Tür zugeschlossen. Und wir knien nieder und bitten den Herrn um seinen Segen für den Gottesdienst, um das Wirken des Heiligen Geistes, dass Er das Wort lebendig mache. Da bitten wir auch um seinen Segen für uns selbst.

Solch eine Gebetsgemeinschaft ist eine notwendige Stärkung für den Prediger. Es liegt eine große Verheißung auf dem gemeinsamen Gebet.

Solche Gebetsgemeinschaft bewirkt, dass der Prediger nun nicht mehr allein die Verantwortung für den Gottesdienst trägt. Menschen, die mit dem Prediger in der Sakristei gebetet haben, lernen es, die Verantwortung für den

Gottesdienst mitzutragen. Indem der Kreis der Beter wechselt und immer größer wird, entsteht eine unaussprechliche und tiefe Verbundenheit zwischen dem Prediger und seiner Gemeinde.

Der Prediger

Das, was der Prediger des Evangeliums zu sagen hat, ist letztlich nicht durch Schulung zu erlernen. Der Prediger soll ein Zeuge Jesu Christi sein. Es kann aber nur der ein Zeuge Jesu Christi sein, dem Gott durch Jesus Christus das Herz abgewonnen hat.

Der rechte Prediger wird deshalb immer wieder darum zu ringen haben, dass sein Wort nicht eine Rede wie tausend andere Reden sei. Sein Wort, *seine Predigt muss Zeugnis sein* – Zeugnis von dem freien Heil, das Gott in Jesus Christus geschenkt hat.

Warum fehlt unserer Verkündigung so weithin der Zeugnischarakter? Weil der Prediger nicht mehr ein Mann der Stille ist. Das Schrittmaß unserer Zeit nimmt ihn gefangen. Er geht unter in viel Betriebsamkeit. Davor rettet auch die Flucht in die Studierstube nicht immer. Auch dort gibt es viel Betriebsamkeit.

Wahre Stille ist nur vor dem Angesicht Gottes. Es gibt viele Prediger des Evangeliums, die mit der Bibel nur so weit umgehen, als sie sie in der Gemeinde auslegen wollen. Wir müssen stille werden unter dem Wort Gottes, ohne dass wir uns dabei für eine Bibelstunde oder eine Predigt vorbereiten. – Wir müssen das Wort selbst zu uns reden lassen. Und im Gebet darauf antworten!

Ja, ein Prediger muss ein Mann mit Gott sein. Sonst begibt er sich in eine gefährliche Lage, denn *Predigtamt: ein unheimliches Amt!* Wir müssen uns jeden Tag klar machen, was für ein großes Ding wir mit der Verkündigung des Wortes Gottes übernehmen: Wir wollen Menschen im Namen Jesu für Gott beschlagnahmen. Wir wollen dem Teufel Land streitig machen. Wir wollen die »Herde Jesu« weiden.

Was sind das für unheimlich große Aufgaben! Damit sagen wir der Hölle den Krieg an. Und so ist es kein Wunder, dass ein Prediger des Evangeliums ganz besonderen Anfechtungen ausgesetzt ist. Er geht auf einem schwindelnd schmalen Pfad. Auf der linken Seite droht Übermut und falsche Sicherheit. Auf der anderen Seite Mutlosigkeit und Verzagtheit. Vor beidem wird er bewahrt, wenn er den Blick freihält im Glauben auf den, der auch für ihn gestorben und auferstanden ist.

Darum muss auch der Prediger des Evangeliums ein Mann der Stille sein. Erst in der Stille kommt er unter die Zucht des Heiligen Geistes, der ihm seine eigene Sünde aufdeckt.

Der Prediger hat nicht nur die frohe Botschaft zu verkündigen. Das Wort Gottes ist auch das Schwert, das den tödlichen Streich führt gegen das alte, natürliche Wesen des Menschen. Der Prediger muss die Sünde richten, dass die schuldbeladenen Gewissen vor Gott offenbar werden. Wie kann er das mit Vollmacht tun, wenn er nicht selber beständig unter dem Todesurteil Gottes über sein altes Wesen steht! Das Wort Gottes, das wir verkündigen, kann sich an unsern Hörern nur dann als richtendes Schwert erweisen, wenn wir selbst zuvor gerichtet wurden.

Darum muss *der Prediger ein Mann der Stille* sein.

In der Stille wirkt der Heilige Geist. Und eine Frucht des Heiligen Geistes ist nach Galater 5,22 die Liebe, ohne die jede Predigt fruchtlos bleibt. Über der Kanzel einer großen Essener Kirche steht das Wort aus 1.Korinther 13: »Wenn ich mit Menschen- und mit Engelzungen redete und hätte der Liebe nicht, so wäre ich ein tönend Erz oder eine klingende Schelle.«

Jeder junge Prediger geht im Anfang seiner Tätigkeit mit einer gewissen Liebe an seine Arbeit. Aber diese Liebe ist weithin keine Geistesfrucht, sondern natürliche Art. Man macht sich falsche Vorstellungen von seiner Gemeinde und von seiner eigenen Kraft. Dieser hochgemute Schwung erlahmt bald. Und dann werden wir Menschenverächter oder Menschenknechte. Nicht ernst genug muss vor diesen beiden *Gefahren der Menschenverachtung und der Verknechtung unter Menschen* gewarnt werden! Wie leicht kommt ein Prediger des Evangeliums dahin, dass er in Abhängigkeit gerät von gewissen einflussreichen Kreisen, mit denen er gesellschaftlichen Verkehr unterhält und mit denen er es nicht verderben möchte. »Werdet nicht der Menschen Knechte!« warnt Gottes Wort. Hochfliegendere Geister werden dieser Gefahr eher entgehen. Aber die tiefen Einblicke, die ein Seelsorger in die gefallene Welt tut, machen ihn stattdessen gar leicht zum Menschenverächter. Eine ungeheure Gefahr!

Von beiden sind wir frei, wenn der Heilige Geist uns rechte Liebe schenkt: Liebe zu dem Herrn, der uns erkauft hat, und Liebe zu unsern Brüdern. Aus solcher Liebe wächst die rechte Seelsorge und die rechte Verkündigung.

Darum muss ein Prediger ein Mann der Stille sein.

Wie kommt unsere Botschaft heute noch an?

(1963)

Man muss nur einmal an einem Einkaufs-Samstag durch die Geschäftsstraßen einer Großstadt gehen und sich dabei immer wieder fragen: »Wie kommt die Botschaft des Evangeliums heute noch an?« Dann geht einem auf, wie schwer diese Frage ist. Die Menschen sind ja alle so ausgefüllt mit ihren Nöten, Vergnügungen, Geschäften, Streitereien, dass nirgendwo eine Lücke scheint, durch die eine Botschaft der Ewigkeit eindringen könnte. Ja, man kann es fast verstehen, dass viele Prediger des Evangeliums es schon für einen Sieg halten, wenn sie mit dem Menschen von heute überhaupt »in Kontakt« kommen – auch wenn sie die Botschaft gar nicht an den Mann gebracht haben.

Da geht einem auf: Wir von uns aus haben sicher keine Chancen, beim modernen Menschen Gehör zu finden. Wenn jemand aufhorcht und schließlich sogar erweckt wird und – o Wunder! – zum Glauben an den Herrn Jesus kommt, dann geschieht das, weil der Herr selber mit Seinem Heiligen Geist am Werke ist.

Und jede Bezeugung der Botschaft darf mit diesem Geisteswirken rechnen.

Fast sieht es nun so aus, als wenn ich damit die Sache schon abschließen könnte, vielleicht mit der Erklärung: »Betet und glaubt, dass der Herr durch Seinen Geist auch heute noch wirkt.«

Aber so ist es nun doch nicht. Ich möchte ein Beispiel brauchen: Eine fromme Hausfrau ist fest davon überzeugt, dass der himmlische Vater die Seinen ernährt. Aber nun wird sie doch nicht die Hände in den Schoß legen und sagen: »Ich bin nur gespannt, wie das heute mit dem Mittagessen für die Meinen und mich wird, da Er uns ja speist.« Nein! Sie wird sorgsam disponieren, einkaufen und alles tun, als wenn sie ganz allein verantwortlich wäre für die Ernährung ihrer Familie.

So geht es auch mit unserem Zeugnis. Dass es gehört und geglaubt wird, ist Gottes Sache. Und doch wird jeder, dem ein Zeugnis aufgetragen ist, sorgsam überlegen müssen, wie er es richtig ausrichtet – so, als wenn alles von ihm abhinge.

»Wie kommt unsere Botschaft heute noch an?«

Wie sollen wir nun vorgehen bei der Beantwortung dieser Frage? Ich könnte ja einfach erzählen, was ich erlebt habe in meiner Essener Jugendarbeit, bei Evangelisationen, in Gesprächen und anderswo. Ja, ich habe es oft erlebt, dass die Botschaft ankam.

Aber wenn ich nun davon berichte, dann sieht das so aus, als wenn ich nur Siege erlebt hätte. Aber ich weiß doch auch von Niederlagen, wo ich verzweifelt war und allen Mut verlieren wollte.

Aber gerade in den Niederlagen zeigte sich das Geheimnis des Reiches Gottes: Wir haben einen König, der ganz verlassen und verspottet am Kreuz starb. Es hat nie eine größere Niederlage gegeben. Aber gerade diese Niederlage war der größte Sieg. Wer heute Jesus rühmt, tut es wegen Seines Leidens und Sterbens. Er wurde zum Weizenkorn, das, in die Erde geworfen und erstorben, herrliche Frucht brachte.

Ich will nur ein Beispiel erzählen, bei dem ich diese Frucht aus der Niederlage meiner Verkündigung sehen durfte: Da hatte ich einmal eine Freizeit für höhere Schüler in einem kleinen Städtchen. Zugleich hielt ich auf Bitten eines einzigen gläubigen Mannes dort eine Evangelisation.

Es war schrecklich. Der Pfarrer war im Grunde gegen die Sache und machte mir das sehr deutlich. Es kamen am ersten Abend etwa drei

Frauen und ein alter Mann. Wenn meine Jungen nicht ein wenig die Kirche gefüllt hätten, wäre ich mir geradezu lächerlich vorgekommen. Denn vier Leute versammelt man doch besser in einer Stube und nicht in einem hallenden Kirchenraum.

Jetzt muss ich in Klammern eben sagen: Natürlich ist es schön, wenn vier Menschen kommen. Und es ist nicht so, dass ich nicht auch gern zu wenigen spreche. Aber erstens nicht in einem so großen Raum, wie es eine Kirche ist, und zweitens sollte eine Evangelisation doch ein Ausbruch aus dem kleinen Kreis sein. Und wenn dieser Ausbruch nicht gelingt, dann ist es eine stecken gebliebene Offensive.

Meine Jungen beschlossen, sie wollten jetzt einmal energisch einladen. So zogen sie singend durch die Straßen, brachten in jede Wohnung einen Einladungszettel und sprachen mit dem jungen Volk auf der Straße. Erfolg: Nach wie vor drei Frauen und ein alter Mann!

Es kam der Samstagabend. Die Jungen gingen in ein Tanzlokal, wo der Sportverein ein Vergnügen abhielt. Sie gaben den Leuten Einladungszettel, riefen im Sprechchor in den Saal. Der Wirt wurde schließlich böse und warf sie hinaus.

Der Erfolg blieb völlig aus. Da forderten die

Jungen den Sportverein zu einem Fußballspiel heraus. Das war wohl das einzige Spiel in der Weltgeschichte, wo vorher zu Gott um Sieg geschrien wurde. Und sie schlugen den Verein haushoch. »So«, sagten sie, »jetzt werdet ihr wohl unserer Einladung folgen.«

Kurz, es wurde alles versucht. Aber – nichts half. Es blieb bei dem Misserfolg. Als geschlagener Mann fuhr ich nach Hause.

Aber was geschah? Es war da unter den höheren Schülern ein Primaner. Der lief so mit bei der Unternehmung. Aber über dem Kampf ging ihm auf, dass er selber ja fern von Gott war. Nun hörte er bei den Vorträgen aufmerksam zu und – kam zum lebendigen Glauben. Er lebt heute als Chemiker in einer fremden Stadt und steht dort eifrig im Dienst der Gemeinde.

So stehen wir nun wieder vor unserer Frage, wie denn die Botschaft heute noch ankommt. Gott wirkt durch Seinen Heiligen Geist und zieht Sünder zu Seinem Sohn, der sie zu Kindern Gottes macht.

Aber wir wollten doch auch fragen, was denn wir tun können. Darum wollen wir so vorgehen:

Wir wollen jedes Wort der Frage »Wie kommt unsere Botschaft heute noch an?« unter die Lupe nehmen und genau ansehen:

»... heute ...«

Ja, heute! Es wird uns unablässig in die Ohren geschrien, die Welt habe sich heute verändert, der Mensch von heute sei ein ganz, ganz anderer als der vor hundert Jahren.

Ich meine, das sei nun genug gepredigt, dass die Welt eine andere geworden ist. Es wird auch damit nicht besser, dass man uns gewaltige Fremdworte wie »pluralistische Gesellschaft« und »Ballungsräume der modernen Industriewelt« vorsetzt.

Ich meine, es sei jetzt einmal an der Zeit zu sagen: Der Mensch ist im Grunde immer derselbe geblieben. Goethe hat ganz recht: »Die Menschheit schreitet immer fort, aber der Mensch bleibt immer derselbe.«

Der Mensch ist heute noch genauso wie vor Jahrtausenden – genauso, wie ihn die Bibel schildert: Selbstsüchtig, unglücklich, verlogen, auf der Flucht vor Gott, hilflos, einsam, unkeusch, lieblos.

Als Jesus vor 2000 Jahren am Kreuz starb, war jeder Mensch ein von Gott geliebter und gesuchter Sünder. Und genau das ist er heute auch noch – ein verlorener, aber von Gott gesuchter und in Jesus geliebter Sünder.

Darum wollen wir jetzt endlich Schluss machen, die Modernität des heutigen Menschen wie eine unüberschreitbare Barriere vor unserem Zeugnis aufzubauen. Sonst müssten wir alle zuerst Psychologie, Soziologie und was weiß ich alles studieren, ehe wir den Mund für unsere Botschaft auftun könnten.

»... unsere Botschaft ...«

»Wie kommt unsere Botschaft heute noch an?« fragen wir.

Vielleicht kommt sie darum nicht mehr an, weil wir *unsere* Botschaft an den Mann bringen wollen. Aber dazu haben wir gar keinen Auftrag. Wir haben Gottes Botschaft zu sagen. Paulus schrieb an die Thessalonicher: »Darum danken wir auch ohne Unterlass Gott, dass ihr, da ihr empfingt von uns das Wort göttlicher Predigt, es aufnahmt nicht als Menschenwort, sondern wie es denn wahrhaftig ist, als Gottes Wort ...«

Ja, das ist der Schade! Da schnippelt man an der Bibel herum, presst schließlich aus dem Rest irgendeine Wahrheit heraus und behauptet kühn, dies sei nun die wirkliche Botschaft. Wenn man ganz gebildet ist, sagt man sogar das griechische Wort »Kerygma« dazu. Aber über all diesen Manipulationen ist unmerklich aus der Gottes-Botschaft »unsere« Botschaft geworden.

Statt den Menschen zu sagen, wie man zum Frieden mit dem lebendigen Gott kommt, wälzt man Probleme. Anstatt das Kreuz Jesu im Mittelpunkt zu lassen und von »Sünde« und »Buße« und »Bekehrung« und »Versöhnung« und »Vergebung der Sünden« zu sprechen, gibt man »Lebenshilfe«. Statt zu zeigen, wie man durch den Geist Gottes geheiligt wird, versucht man, dem Menschen zu helfen, sich im Leben zurechtzufinden – und wird doch selber nicht mit der kleinsten Sünde fertig. Dass Gott erbarm! Der Welt ist nichts gelegen an »unserer« Botschaft. Es ist ihr auch nicht geholfen mit »unserer« Botschaft.

Was die Welt braucht, ist die Botschaft Gottes: »So sehr hat Gott die Welt geliebt, dass er seinen Sohn gab, auf dass alle, die an ihn glauben, nicht verloren werden, sondern das ewige Leben haben.«

Ich weiß, dass mir jetzt entgegengehalten wird: »Das gerade wollen und können unsere Zeitgenossen nicht mehr hören.« Darauf antworte ich: Wenn Gottes Wort der Ansicht ist, dass der Mensch zu seiner Heilung dies braucht, dann wollen wir nicht klüger sein als Gott, dann sollten wir ihm dies Heilmittel anbieten. Und dann werden wir auf einmal die erstaunliche Entdeckung machen: Diese Botschaft kommt

an. Sie kommt an, weil Er sich zu ihr bekennt.
Ich darf hier ein persönliches Erlebnis berichten: Im Sommer 1962 sollte ich in der Essener Grugahalle einen Gottesdienst aus Anlass des Deutschen Sängerfestes halten.
Ich sagte mir: »Da musst du ja wohl auf die Sängerfest-Gäste Rücksicht nehmen. Da kommen nun doch Hunderte, die zu Hause kaum in die Kirche gehen. Die wollen eine religiöse Überhöhung ihrer Sängerei. Da muss ich wohl ein wenig nach dem Motto predigen: ›Wo man singt, da lass dich ruhig nieder …‹ Vielleicht könnte man auch ein wenig Luthers Lob der Frau Musica heranziehen …
Und dann sagte mir Gott ganz klar: »Sage den Leuten, wie sie selig und Kinder Gottes werden können. Bezeuge ihnen den gekreuzigten und auferstandenen Heiland!«
Jetzt habe ich mich richtig mit Gott gezankt: »Herr, darauf sind diese Leute doch gar nicht eingestellt. Da ist doch auf dem Podium schon mal ein Chor, in dem Katholiken und Freigeister und alles mögliche sind. Und dann das große Orchester! Was werden die abschalten, wenn ich von Jesus rede. Vom Singen wollen die hören – und wie Gott ihr Singen liebt.«
Aber mein Gott blieb unerbittlich. Ich habe mich so gegen Seine Zumutung gewehrt, dass

ich krank wurde. Ich wollte »unsere« Botschaft sagen. Und Er wollte Seine Botschaft ausgerichtet haben.

So gab ich endlich nach und bereitete eine Predigt vor, in der nur und einzig von Jesus als dem Weg zur Gotteskindschaft die Rede war. Mit Zittern ging ich auf das Podium.

Und nun muss ich sagen: Es war wundervoll, mit welcher atemberaubenden Spannung die Männer vom Chor und Orchester um mich herum zuhörten.

»Predige das Evangelium zur Zeit und zur Unzeit«, sagt die Bibel. Nun, ehe wir anfangen, ist eigentlich immer Un-Zeit. Aber wenn wir im Glauben die biblische Wahrheit bezeugen, zeigt sich: Es ist gerade die Zeit Gottes.

Allerdings kann diese göttliche Botschaft nur dann ankommen, wenn wir selbst von Herzen glauben. Der Mensch von heute hat ein Ohr bekommen, um Geschwätz und Botschaft zu unterscheiden. Als ich vor einer Evangeliumswoche einmal ein Presse-Interview hatte, sagte ich zu den anwesenden Journalisten: »Nachdem Sie mich ausgefragt haben, möchte ich Sie fragen: Können Sie eigentlich noch etwas ernst nehmen? Jetzt schreiben Sie über eine Evangelisation, eine Stunde später über eine Karnevalsveranstaltung, dann über eine

Ziegenzucht-Vereinigung. Was nehmen Sie noch ernst?«

Darauf antwortete einer sehr ernst: »Gerade wir haben unterscheiden gelernt zwischen Geschwätz und einer ernst zu nehmenden Botschaft.« Und dann fügte er fast verlegen hinzu: »Zumindest erkennen wir sehr bald, ob der Mann, der vor uns sitzt, selber an seine Botschaft glaubt.« Ich vermute, dass dies typisch ist für den Menschen von heute und dass dies jeder junge Mann genauso sagen könnte. Wir werden heute sehr ernst stillschweigend gefragt: »Glaubst du wirklich selbst dem Wort der Bibel? Dann wollen wir dir zuhören. Sonst aber lohnt es sich nicht.«

»... noch ...«

Ich wünschte von Herzen, wir würden dies Wörtlein »noch« aus unserem Wörterbuch streichen. »Noch!« Das ist das Wort des Rückzugs. »Bei uns gehen ›noch‹ 4 von Hundert der evangelischen Bevölkerung in die Kirche«, las ich kürzlich (1963). Das heißt doch: »Im nächsten Jahrzehnt werden es wahrscheinlich nur ›noch‹ 3 von Hundert sein.«

»Noch« – das ist das Wort des Rückzuges. »Wir halten die Stellung ›noch‹«, wurde etwa im Krieg gemeldet.

»Noch« – das ist das Wort des Unglaubens, der sich auf dem Rückzug sieht. Wer aber den auferstandenen Herrn kennt, der weiß: Jesus ist immer in der Offensive. Er greift an! Ihm ist alle Gewalt gegeben im Himmel und auf Erden. Wie könnte Er das Wörtlein »noch« im Munde Seiner Zeugen hören wollen.

Ich weiß: Jetzt wendet man mir ein: »Weißt du denn nicht, dass wir seit 200 Jahren eine fortschreitende Säkularisation, d. h. Verweltlichung, erleben? Weißt du nicht, wie im Mittelalter alle Leute zweimal am Sonntag zur Kirche gingen? Und heute? Weißt du nicht …«

Doch, ich weiß. Ich weiß, dass christliche Sitten auf dem Rückzug sein können. Ich weiß, dass organisierte Kirchen Stellung auf Stellung aufgeben müssen. Und wer sich zum Hüter der Sitten und zum Organisator der Kirchen berufen fühlt, der mag getrost das Wörtlein »noch« brauchen. Er wird es brauchen.

Aber ich sprach doch von der Botschaft Gottes, die von Jesus handelt. Und die gleicht immer »dem Reiter auf dem weißen Pferd«, von dem in der Offenbarung steht: »Er zog aus sieghaft und dass er siegte« (Offb. 6,2).

In der DDR erlebte ich einmal etwas Merkwürdiges: An einem Tag bekam ich zwei Berichte. Der erste Bericht stammte von einem bekümmerten Kirchenmann, der mir erzählte, wie die Zahl der Konfirmanden kleiner würde, wie immer weniger Kinder den Religions-Unterricht besuchten. Es war bedrückend zu hören, wie zwar »noch« die Sache der Kirche weitergeführt würde, aber man könne doch sehen, wie Stellung auf Stellung geräumt würde.

Der zweite Bericht kam von einem Lehrer, der mit einer Schar junger Bauern zu meiner Evangelisation gekommen war. Mit leuchtenden Augen berichteten sie von einer tiefgreifenden Erweckung in ihrem Dorf. Der erste Bericht sprach das »Noch«, der zweite das »Schon Wieder«. Jesus-Jünger sind immer in der Offensive. Darum streichen sie das »Noch« aus ihrem Wörterbuch.

Das gilt immer und allezeit, sogar in der Zeit des Antichristen. Da werden die »zwei Zeugen«, von denen in Offenbarung 11 die Rede ist, die Fahnen Jesu Christi vorantragen bis zu ihrem Märtyrertod.

Aber ich bin der Überzeugung, dass gerade heute kein Grund vorhanden ist, bei dem Zeugnis vom Heil Gottes an Rückzug und an »noch« zu denken. Unsere Zeitgenossen sind ja innerlich so leer und ausgebrannt. Da ist nichts mehr, was. man ernst nehmen könnte. Und nun haben wir das herrliche Evangelium.

Ein bedeutender Mann der Kirche sagte vor einiger Zeit: »Wir Christen sind die Einzigen, die noch etwas Glaubwürdiges auf die Theke zu legen haben.«

So ist es. Seit der Renaissance hat das Evangelium in der abendländischen Welt nicht mehr eine solche Chance gehabt wie heute. Darum Schluss mit dem »Noch«!

»... ankommen ...«

Betrachten wir das Wörtlein »ankommen«. Wie soll die Botschaft denn ankommen?

Im Intellekt? Im Verstand? Das denken viele. Und darum stellen sie uns verfängliche und geistreiche Fragen. Und es gibt so viele unter uns, die auf diese Fragen eingehen und sich in endlose Diskussionen einlassen, bei denen am Ende nichts herauskommt.

Ich erinnere mich, dass ich einmal mit einem sehr klugen und gebildeten Mann ein endloses Gespräch hatte. Mit großer Geduld ging ich auf alle Fragen ein – angefangen von der Dreieinigkeit, die ihm ein Ärgernis war, über die Jungfrauengeburt bis zu dem gegenwärtigen ärgerlichen Zustand der Kirche.

Kurze Zeit später hörte ich, dass er sich von seiner Frau scheiden ließ. Ich war todunglücklich. Da hatte ich nun über alle möglichen Probleme mit dem Mann diskutiert. Und dabei wurde er ganz einfach mit seiner Ehe nicht fertig. Da war Schuld, von der man lieber nicht reden wollte. Nach langer Zeit bat er mich wieder einmal um meinen Besuch. Ich ging hin und sagte: »Wissen Sie, dass Sie in die Hölle kommen, wenn Sie so weiterleben?« Ich dachte: »Jetzt wirft er mich hinaus.« Aber das geschah nicht. Vielmehr sagte er tief beunruhigt: »Weil ich das ja weiß, darum muss ich mit Ihnen sprechen.«

Hier wird deutlich, wo die Botschaft Gottes ankommen muss: Nicht im Intellekt, sondern im Gewissen. Paulus sagte einmal: »Wir beweisen uns wohl an aller Menschen Gewissen.«

Man muss einmal die Predigt lesen, die Paulus vor den Intellektuellen Athens auf dem Areopag gehalten hat. Es ist einfach kühn, wie er da schließlich vom Gericht Gottes redet. Und es ist bezeichnend, wie diese Leute böse wurden, dass Paulus ihnen in das Gewissen redete. Sie spotteten, weil er ihnen so wenig intellektuell vorkam. Und doch bewiesen sie damit gerade, dass ihr Gewissen getroffen war.

Wie soll Gottes Botschaft »ankommen«, wenn wir die falsche Zielrichtung haben?! Falsche Zielrichtung haben wir aber, wenn wir auf die Vernunft und nicht auf das Gewissen zielen. Gottes Botschaft ist auf das Gewissen ausgerichtet. Und sie kann nur »ankommen«, wenn wir dieser Ausrichtung folgen.

Wo die Gewissen getroffen werden, da gibt es Unruhe und Feindschaft. Da hören die gemütlichen und auch – meinetwegen – scharfen Diskussionen auf.

Als ich einmal vor einer großen Schar von Studenten gesprochen hatte, wurde gefragt, ob man diskutieren dürfe. Ich sagte:»Ohne mich! Ich habe Ihnen Leben und Tod vorgelegt. Nun müssen Sie wählen. Aber zu diskutieren ist da nichts mehr!«

»Wie …«

Jetzt fehlt uns nur noch das Wörtlein »Wie«.

Da müssen wir zuerst fragen: Brauchen wir eine neue Sprache? Man kann ja in keiner Konferenz von Jugendarbeitern sitzen, ohne dass einer sich erhebt und mit ernstester Miene erklärt: »Wir brauchen eine neue Sprache.« Wer das ausspricht, der kann sicher sein, dass ihm keiner die Modernität abspricht.

Ich kann nur immer wieder sagen: Liebe Brüder! Lassen wir uns doch durch so törichte Schlagworte nicht verwirren!

Was soll denn das heißen: »eine neue Sprache«? Man sagt:»eine neue Sprache« und meint: eine neue und andere Botschaft.

Was wir brauchen, ist nicht eine »neue« Sprache, sondern eine »ehrliche« Sprache. Es ist wirklich schlimm, wie viele liebe Gemeinschaftsleute ihre feststehenden Vokabeln haben. Und ebenso haben die Theologen ihre feststehenden Worte. Und die Jugendsekretäre auch.

Manchmal, wenn ich die Leute so reden höre und mache einen Augenblick die Augen zu, kommt es mir vor, als liefen Platten ab.

Wenn wir schon über die Sprache sprechen, die unsere Botschaft braucht, dann lassen Sie uns doch so sprechen, wie wir auch im Alltag reden.

Aber die Sprache ist wirklich nicht so entscheidend. Wer keine klare Evangeliums-Botschaft hat, dem hilft auch die neueste Sprache nicht. Und weiter: Lassen Sie uns doch vom Evangelium zeugen ohne lange Anmarschwege. Man will uns heute weismachen, die Botschaft käme beim Menschen von heute nur noch an, wenn man sie ihm so allmählich auf Umwegen beibringe. Man diskutiert über alles Mögliche und zieht dann heimlich den christlichen Knüppel aus der Tasche und haut damit unvermutet dem armen Opfer über den Schädel. Ich weiß wohl: Jetzt erklären die modernen Leute: »So etwas ist ja gemein. Gerade das wollen wir nicht.« Ja, was wollt Ihr dann? Nur diskutieren – ohne die Botschaft überhaupt auszurichten? Bitte, tut es! Aber dann habt Ihr etwas anderes vor als wir, die wir fragen: »Wie kommt unsere Botschaft heute noch an?« Uns geht es jetzt um das Ausrichten der Botschaft des Evangeliums.

Also: Ohne kümmerliche Umwege! Ich erinnere mich, wie ich als unbekehrter junger Offizier verwundet in einem Lazarett einer süddeutschen Stadt lag. Wir waren mit zwei Offizieren in dem Zimmer, beide fern von Gott und beide im Grunde sehr leer und unglücklich.

Nun besuchte uns eines Tages ein Pfarrer. Er plauderte mit uns vom Wetter, vom Krieg, von unserer Verwundung. Und dann – das merkte man deutlich – wollte er so allmählich peu à peu auf ein geistliches Wort kommen. Da machten wir beiden frechen, jungen Typen uns den Spaß, ihm immer dann, wenn er zu einem geistlichen Gespräch ansetzte, »einen Schuss vor den Bug« zu setzen! Wir fragten etwa nach seiner Familie. Oder, warum er nicht Soldat wäre. Kurz, er kam nicht zu seiner eigentlichen Sache und zog ab. Mein Kamerad aber murmelte: »Ach, der will uns ja nur dumm machen.«

An diese böse Geschichte erinnerte ich mich

oft, als ich bald danach zum Glauben gekommen war und ein Zeugnis ablegen musste. Und erst recht, wenn ich als Pfarrer im Krankenhaus oder in den Wohnungen Besuche machte. Da begrüßte ich die Menschen, redete kurz mit ihnen von den Dingen, die sie bewegten. Und dann sagte ich: »So, nun tun Sie mal Ihre Zeitung (oder Ihre Spielkarten) weg. Liebe Hausfrau, setzen Sie sich mal einen Augenblick hin. Ich muss Ihnen nämlich etwas ganz Wichtiges sagen!« Und dann redete ich von Jesus und vom Frieden mit Gott. Ich weiß nicht ein einziges Mal, wo die Menschen nicht gesammelt zuhörten. Denn der Mensch von heute hungert nach Gott. Wenn wir nach dem »Wie« fragen, ist wichtiger als alles andere die Vollmacht.

Kürzlich las ich in einem kirchlichen Gemeindeblatt einen Artikel, der so typisch ist für unsere geistlich arme Zeit. Da wurde folgendes ausgeführt: »In einer kleinen Stadt sind zwei Ärzte. Der eine ist ungeheuer beliebt, er redet so menschlich mit den Patienten, er macht auch mal einen Scherz – nur, er ist leider gar nicht auf dem Laufenden, was in der modernen Medizin erforscht und erarbeitet wird.

Zu diesem Doktor strömen die Leute. Er hat einen großen Zulauf. Aber wenn es ernst wird, dann geht man doch lieber zu dem andern Arzt. Der ist gar nicht so nett. Er ist kühl und sachlich. Er gewinnt nicht so schnell die Herzen. Aber er ist auf dem Laufenden in der Medizin.

So ist es auch mit den Predigern des Evangeliums. Die einen predigen warme Herztöne, sie gewinnen die Leute. Aber – ihre Theologie ist sehr schwach. Sie lesen keine modernen theologischen Werke und sind eben in punkto neuerer Forschung gar nicht auf dem Laufenden. Wenn es ernst wird, dann kommt es doch nur auf solche theologisch sattelfesten Leute an ...«

So etwa stand es in dem Kirchenblatt. Seltsamerweise war gar nicht in den Gesichtskreis des Verfassers gekommen, dass es ja Prediger geben könnte, die »herzlich« predigen und doch auch theologisch gebildet sind. Es gab bei ihm nur ein Entweder-Oder.

Was mich aber bei diesem Aufsatz am meisten bewegt hat, ist dies: Es wurde überhaupt nicht nach der geistlichen Vollmacht gefragt. Und auf die kommt es doch an. Der herzenswarme Prediger ist ein Schwätzer, wenn er keine Vollmacht von Gott hat. Und der kühle Theologe ist ein liebloser Dozent, wenn er keine Vollmacht von Gott hat.

Unsere Botschaft kommt nur dann an, wenn

die Zeugen der Wahrheit Auftrag und Vollmacht von Gott haben.

»Vollmacht!« Das Wort kommt im Neuen Testament vor und heißt griechisch »exousia«. Das Wort bedeutet zunächst »Berechtigung« oder »Befugnis«. Wer die Botschaft ausrichten will, muss berechtigt sein – von Gott. Es reden viele von göttlichen Dingen. Aber sie haben keine »Berechtigung« von Gott. Sie haben keinen Auftrag von Ihm. Es ist dann auch danach! Es ist dann – um noch einmal auf den erwähnten Artikel in dem Gemeindeblatt zurückzukommen – entweder herzerwärmend oder theologisch einwandfrei. Aber es kommt nichts an die Gewissen der Hörer.

Exousia oder Vollmacht kann weiter übersetzt werden mit »Befähigung«. Der Herr Jesus hat gesagt: »Ohne mich könnt ihr nichts tun.« Er also muss die Befähigung geben.

Darum hängt Vollmacht ab von der Stellung des Zeugen zu seinem Herrn und Heiland.

Und die Frage »Wie kommt unsere Botschaft heute noch an?« muss zunächst »im Kämmerlein« zwischen dem Herrn und König Seiner Boten und Zeugen geklärt werden. Gibt Er Auftrag und Befähigung, dann kommt die Botschaft an – auch wenn sonst vieles fehlt, was einen guten Redner ausmacht.

Wahre und falsche Modernität und Popularität in der Verkündigung

(1930)

Das ist die Forderung, die beständig an uns gestellt wird: Wir sollen modern und populär sein in unserer Verkündigung. Und wir sehen, wie die einen sich gegen diese Forderung heftig sträuben und sich damit isolieren, und wir sehen andere, die dieser Forderung so willig nachgeben, dass ihre Verkündigung eben keine Verkündigung mehr ist. Wir müssen zunächst fragen: Was heißt denn Modernität und Popularität? Wenn wir von Popularität sprechen, dann denken wir dabei an den Mangel unserer Hörer. Einer, der populär redet, hat begriffen, dass die Menge der Hörer ein nur begrenztes Sehfeld hat, und er stellt sich in seiner Rede auf diese Armut ein.

Bei dem Wort Modernität denken wir an den geistigen Besitz der Hörer. Sie sind Kinder ihrer Zeit, und das, was ihre Zeit ihnen gibt, ist ihr Besitz. Wer mit diesem, aus der Gegenwart gegebenen Besitz der Hörer zu rechnen versteht, spricht modern.

Es taucht nun zunächst die Frage auf: Darf

unsere Verkündigung überhaupt danach streben, modern und populär zu sein? Von zwei Seiten her wird uns das bestritten. Erstens von der Praxis der homiletischen Ausbildung. Ich erinnere mich jener Stunde, als ich im homiletischen Seminar einen Text bekam mit dem Auftrag, hierüber eine Predigt auszuarbeiten. Auf die Frage, wie ich mir denn meine Gemeinde vorzustellen hätte, als Beamte, Industriearbeiter, Bauern oder Regierungsräte, wurde mir die Antwort: »Das ist ganz gleichgültig, machen Sie nur erst mal Ihre Predigt.« Es wurde also bewusst verzichtet auf die Fragen: Was ist denn der vorhandene geistige Besitz der Hörer? und: Inwieweit bin ich beschränkt durch die geistige Armut der Hörer? Also bewusster Verzicht auf Popularität und Modernität. Vielleicht ist allerdings in diesem Falle der Verzicht weniger auf eine klare Überlegung als vielmehr auch auf eine geistige Armut zurückzuführen.

Von einer anderen Seite her wird viel ernster bestritten, dass die Verkündigung modern und populär sein soll: Von einer Theologie, die uns sagt: Das Wort! Das Wort! Verkündige einfach das Wort, das schon irgendwie einen Weg sich selber bahnen wird. Aber mache nur du dich nicht anheischig, dies Wort durch das

Schielen nach dem Hörer wirkungsvoller machen zu wollen.

Gegen diese Bestreitung wenden wir ein Doppeltes ein.

1. Die eigene Erfahrung. Auch uns traf »das Wort« nur, sofern und soweit es für uns populär und modern wurde, d. h. sofern es uns in unsrer Gedankenarmut verständlich wurde und uns mit unserm geistigen Besitz erfasste und traf.

2. Die apostolische Praxis. Wir werfen einen Blick auf die Predigttätigkeit des Paulus. Da ist zunächst zu sagen, dass Paulus einen Grundsatz aufgestellt hat, 1.Korinther 9,19-23, zusammengefasst in dem Sätzlein: »Ich bin jedermann allerlei geworden, auf dass ich ja etliche selig mache.«

Und nun haben wir vier Reden des Paulus, die wir unter unserem Gesichtspunkt ansehen wollen. Da ist zunächst Apostelgeschichte 13,16ff. Dort spricht Paulus zu der Synagogen-Gemeinde. Der geistige Besitz waren die Schrift, die Geschichte des Volkes Israel und die Verheißungen Gottes. Die Frage, die sie bewegte, war die Frage nach der Gerechtigkeit. Man lese diese Rede durch, um zu sehen, wie Paulus an diesen Besitz der Gemeinde anknüpft und im Evangelium die Antwort auf die Frage der Gemeinde nach der Gerechtigkeit gibt: »Wer an diesen glaubt, der ist gerecht«, Vers 39.

Die nächste Rede des Paulus ist die Rede auf dem Areopag (Apg. 17,22ff.). Hier redet Paulus nicht von den Verheißungen Gottes und nicht von seinen Bezeugungen in Israel. Das sind Dinge, die nicht im Blickfeld der Athener standen. Dagegen knüpft er an an den geistigen Besitz der Athener. Er spricht von ihren Altären und ihren Poeten.

Die dritte Rede steht Apostelgeschichte 22. Das ist die große Rede, die Paulus von den Stufen der Burg zu seiner Rechtfertigung vor dem Volk hält. Hier vor der Masse setzt er weder die Schrift noch die Poeten voraus. Er macht es wie der moderne Massenevangelist: Er legt ein Zeugnis ab und erzählt eine Bekehrungsgeschichte.

Die nächste Rede steht Apostelgeschichte 26. Da steht Paulus vor Festus und Agrippa. Das waren zwei Männer, die erfüllt waren von der Frage nach der Macht. Darum spricht Paulus hier davon, dass Christus der Mächtigste sei.

Diese kurze Übersicht zeigt, dass Paulus durchaus bemüht war, in seiner Verkündigung populär und modern zu sein. Er sprach nicht von Dingen, die den Leuten unverständlich waren. Dagegen knüpfte er seine Reden immer da an, wo im Bewusstsein seiner Hörer etwas vorhanden war.

Wer in seiner Verkündigung auf Popularität und Modernität verzichten will, der hat 1.Korinther 13 nicht verstanden, denn die Liebe gebietet, das Evangelium so zu verkündigen, dass es dem Hörer fassbar wird.

Unsere Verkündigung muss also populär sein, sie hat herabzusteigen zur geistigen Armut des Hörers. In dieser Beziehung entstehen für uns heute ganz besondere Aufgaben. Die moderne Schule hat so viel experimentiert, dass jetzt eine Generation heranwächst, die weithin des primitivsten Wissens ermangelt. Ich habe eine Reihe von Schülern daraufhin einmal geprüft. Sie wussten weder, wie viel Erdteile es gibt, noch, wer Napoleon sei, noch zu welchem Lande Hamburg gehöre. Und unter diesen Schülern waren Gymnasiasten. Als ich nach dem deutschen Fußballmeister fragte, wussten alle Bescheid. – Rechnen müssen wir auch mit der außerordentlich geringen Bibelkenntnis. Ich habe Konfirmanden, die aus fünf verschiedenen evangelischen Schulen kamen, nach der Geschichte vom verlorenen Sohn gefragt und keiner kannte sie. Es wird ja nicht überall in dieser Beziehung so trübe aussehen. Aber dadurch, dass die moderne Schule mehr Erziehungsschule als Lernschule sein will, wird der geistige Besitz des Volkes verkleinert. Auch dadurch, dass heutzutage der Beruf den Menschen ungeheuer in Anspruch nimmt, wird eine gewisse Verarmung des geistigen Lebens herbeigeführt. Wer in der Arbeit der Inneren Mission steht, weiß genau, dass man zu Artisten, Kellnern, Straßenbahnern usw. nur in ihrer Sprache reden kann. Und überhaupt: Wir Akademiker überschätzen in unserer Verkündigung gar zu leicht das Fassungsvermögen unserer Zuhörer. Ich habe Predigten in Arbeitergemeinden gehört, die als Vorlesung auf einer Volkshochschule ganz hübsch gewesen wären, die aber über die Köpfe der Mehrzahl der Gemeindeglieder einfach hinweggingen.

Wenn wir populär sein wollen, müssen wir auch rechnen mit der geringen Konzentrationsfähigkeit des modernen Menschen. Das moderne Tempo, das Vielerlei unserer Zeitungen, das Kino und die tausend starken Eindrücke der letzten Jahre haben den modernen Menschen unfähig gemacht, sich längere Zeit auf eine größere Gedankenreihe zu konzentrieren. Darum muss unsere Verkündigung viel kürzer sein als die vergangener Zeiten. Beim

Großstädter hört die Aufnahmefähigkeit nach 20 Minuten auf. Darum darf unsere Verkündigung nicht mit einem Gedanken anfangen, der im Laufe einer halbstündigen Predigt zu Ende geführt ist, sondern unsere Predigt muss in Gruppen von kleineren Gedankenreihen gegliedert sein. Daher haben auch die Beispiele und packenden Erzählungen in der modernen Evangeliumsrede ihre große Bedeutung.

Unsere Verkündigung muss modern sein, d. h. sie muss rechnen mit dem geistigen Besitz der Zuhörer. Das gilt sowohl für die Gestaltung der Form als auch für den Inhalt, für die Fragestellung. Sprechen wir zunächst von der Form. Da gibt es ein modernes Schlagwort, welches in treffender Weise den Geist unserer Zeit kennzeichnet. Dies Wort heißt Sachlichkeit. Vielleicht erreicht unsere Kirche darum weithin nur noch Kinder und Greise, weil sie vielfach mit Gemütswerten operiert, die dem modernen Menschen einfach lächerlich sind. Die Form der Rede muss sachlich sein. In früheren Zeiten war der Schmuck eines Hauses eine reiche Ornamentik. Die moderne Bauweise ist sachlich, d. h., sie verzichtet auf allen Stuck. Der Schmuck des Gebäudes ist die überzeugende Gliederung der Baumassen. So soll es auch für unsere Rede gelten. Der Schmuck unserer Rede sei nicht eine blütenreiche Sprache, sondern eine überzeugende Gliederung der zu verkündigenden Tatsachen. Noch vor acht Jahren erklärte mir ein bedeutender Kanzelredner: »Es ist sehr wichtig, junger Freund, dass Sie in Ihrer Predigt die Übergänge von einem Teil zum andern möglichst reich gestalten, dass in Ihrer Predigt keine abrupten Übergänge entstehen.« Solcher Rat ist heute völlig überholt. Schlagen wir den Stuck herunter und lassen wir eine klare überzeugende Gliederung so hervortreten, dass sie dem Hörer völlig durchsichtig wird. Auch die Sprache muss sachlich sein. Ich kenne einen Prediger, dem vor Jahren alles zulief, weil er eine so gewaltige Stimme hatte. Heute wirkt das Pathos dieses Mannes nur noch lächerlich. Und ich weiß von einem anderen Pfarrer, der noch vor einigen Jahren die Gemüter der Gemeinde dadurch heftig bewegte, dass er hie und da auf der Kanzel zu weinen anfing. Vor einem Jahr kamen zu diesem Pfarrer eine Schar junger Männer und sagten ihm: »Wir hören Sie ja ganz gerne, aber wenn Sie noch einmal weinen, können wir nicht mehr kommen. Das ist peinlich.« Sachlich sei die Sprache. Auch die Themastellung, namentlich der evangelistischen Rede, muss sachlich sein, d.h., sie darf nicht Falsches versprechen. Wenn man irgendein sensationelles Thema nimmt, das nachher nur als Sprungbrett für allerlei anderes benutzt wird, dann schafft das nur Verärgerung, aber nicht Bereitschaft zum Hören. Und sachlich müssen die Ausführungen sein. Es gibt eine Theologie, die sagt »Auferstehung« und meint nicht »Auferstehung«. Solche Dinge sind dem modernen Menschen unerträglich. Man spreche so, dass auch der primitivste Mensch weiß, was nun eigentlich gemeint ist. Auch in der Beziehung wird häufig gesündigt, dass man irgendeine moderne Not anschneidet, etwa die Ehenot oder die Lage der Arbeitslosen, und anstelle einer Antwort und Lösung nur einige verlegene fromme Worte macht. Es ist kein Unglück, wenn wir auch einmal eine Ratlosigkeit zugeben. Aber das ist ein Unglück, wenn wir dem Menschen in seiner Not ein Bibelwort geben, mit dem er nichts anfangen kann.

Wenn es wahr ist, dass unsere Verkündigung heute sachlich sein soll, dann ist damit zugleich gesagt, dass die Evangelien mehr als je auf den modernen Menschen zugeschnitten sind. Denn es gibt keine sachlichere Berichterstattung als die der Evangelien.

Fassen wir also zusammen: Populär und modern sei unsere Verkündigung, weil die Liebe uns treibt, das Evangelium so zu sagen, dass es verstanden wird. Aber ganz gewiss gibt es auch falsche Popularität und Modernität. Die beginnt dort, wo nicht mehr die Liebe zum Evangelium und zum Hörer das Dominierende ist, sondern die Liebe des Redners zu sich selbst. Also: ich will populär und modern sein, um die Herzen für das Evangelium zu gewinnen. Aber falsch ist es, wenn ich populär und modern verkündige, um ein beliebter und viel besuchter Prediger zu sein. Das ist falsch, wenn Popularität und Modernität Selbstzweck werden, unter dem das Evangelium verschwindet. Das ist falsch, wo um der Popularität und der Modernität willen das Evangelium verkürzt wird. Paulus sagt da zwei sehr klare Worte: 1.Korinther 1,23: »Wir aber predigen den gekreuzigten Christus, den Juden ein Ärgernis und den Griechen eine Torheit«, und 1.Korinther 2,1-2: »Auch ich, liebe Brüder, der ich zu euch kam, kam ich nicht mit hohen Worten und hoher Weisheit, euch zu verkündigen die göttliche Predigt. Denn ich hielt nicht dafür, dass ich etwas wüsste unter euch als allein Jesus Christus den Gekreuzigten.« Also das ist falsche Modernität, wo das Ärgernis des Kreuzes schmackhaft gemacht werden soll. Das ist falsche Popularität, wo die

Predigt den Beifall der Menge erregt und nicht mehr die Gewissen trifft. Wohl uns, wenn wir so modern und populär reden, dass das Kreuz Christi begriffen wird. Wehe uns, wenn wir so populär und modern reden, dass das Kreuz als Gericht und Gnade verdunkelt wird. Es gibt eine Verkündigung, die ist bereits Gericht Gottes.

»Sie werden sich selbst Lehrer aufladen, nach denen ihnen die Ohren jücken« (2.Tim. 4,3). Das werden Prediger sein, die im höchsten Maße modern und populär sind und doch eine »Last«, ein Spott Gottes. In alter wie in neuer Zeit ist solche falsche Popularität und Modernität nicht vermieden worden. Wir kennen alle die Predigten und Evangelisationen, wo der Zuhörer seelisch erregt und aufgepeitscht wurde, aber das Gewissen blieb ungetroffen. Oder ich denke an manche moderne Verkündigung, wo man sucht, mit irgendwelchem sozialen oder problematischen Gerede den Beifall der Menge zu erringen und damit die Zeugenstellung aufgab.

Fassen wir alles zusammen: Wir brauchen mehr denn je die göttliche Ausrüstung des Heiligen Geistes. Der befestigt uns so im Evangelium, dass wir lieber sterben, als dass wir auch nur ein Stücklein der Botschaft um des

Zeitgeistes willen aufgeben. Der gibt uns aber auch die Liebe, die unermüdlich darum ringt, die offene Tür zum Herzen des Andern zu finden, und die der Losung nicht müde wird: »Wir wollen auf sein Kreuz so lange weisen, bis es durch ihre Herzen geht.«

Zuerst veröffentlicht in:

Vom Dienst des Predigers (Wilhelm Busch/ August Knorr: Gespräch über das Predigen. Praktische Ratschläge für Prediger und Predigthörer. Berlin: Furche Verlag 1938, S. 5-32)

Wie kommt unsere Botschaft heute noch an (Licht und Leben, 1963, S. 68-73 – gekürzt)

Wahre und falsche Modernität und Popularität in der Verkündigung (Pastoralblätter 1930 – gekürzt)